Q&Aでわかる

M&A税務ハンドブック

Ⅰ 合併

KPMG税理士法人 著

古田哲也　石塚直樹　西井秀朋　澤田正行　細貝一起

税務経理協会

はじめに

　近年、企業買収や事業再編等のM&Aは必ずしも特殊な取引ではなくなり、一般化してきている一方で、M&Aに関する税務は、平成13年度の税制改正における組織再編税制の創設以降、平成14年度連結納税制度の創設、平成18年度会社法制定に伴う税制の整備、株式交換及び株式移転に係る税制の見直し、欠損等法人の欠損金の繰越しの不適用制度の創設、平成22年度グループ法人税制の創設と毎年のように新たな制度の創設や見直しが行われ、非常に詳細、複雑かつ難解なものとなっているのが現状です。

　合併等の組織再編取引に係る組織再編税制については、導入から既に10年経過しているものの、詳細な事前の検討を行わずに合併を行った結果、繰越欠損金が使用できなくなったり、税制非適格の組織再編取引として課税されたりといった、想定外の重大な税負担が生じてしまうケースが未だ散見されます。

　また、平成22年度の税制改正により、みなし配当の生ずる取引に関する課税の適正化が行われたことにより、現金交付合併を実施した場合に得られていた税効果が制限されるなど、M&Aを実施するにあたっては、単に従前どおりのストラクチャーを踏襲するのではなく、常に最新の税制に基づいた最適な税務ストラクチャーを検討することが、ますます重要になってきております。

　以上を踏まえ、組織再編税制の創設から10年を迎えた本年、改めてM&Aの実行において必要となるM&A税務の基礎から応用までを網羅的に解説することに意義があると思い本書を上梓させていただきました。

　本書をM&Aに携わる全ての実務担当者のお手元においていただき、本書がM&Aの実行に少しでもお役に立てるのであれば幸いです。

　なお、本書は平成23年9月30日時点で公表されている法律及び実務を基に編集しています。また、本書に記載されている税務上の取扱いはその前提となる事実関係により大きく左右されるため、実務の現場においては個別の事実関係を基に、専門家の意見又は課税当局の見解を確認し、慎重に対応されることをお勧めします。

最後に本書の出版にあたり、日々の業務を行いながら執筆を行わなければならなかったため、主に週末に執筆を行うことにより多大なる迷惑をかけた各執筆者の家族と、多大なるご尽力を頂いた株式会社税務経理協会の山本俊氏に、心から感謝とお礼を申し上げます。

平成24年1月

KPMG税理士法人

古田哲也

石塚直樹

西井秀朋

澤田正行

細貝一起

本書の特徴と読み方

本書は以下の1～5の全5巻によって構成されている。

No. 1　合併
No. 2　分割
No. 3　株式交換・株式移転
No. 4　現物出資・欠損等法人・連結納税・グループ法人税制・企業再生・クロスボーダーM&A
No. 5　資本取引

　No.1からNo.4においては、M&Aの局面で実行される合併、分割、株式交換・株式移転、現物出資の組織再編取引の類型ごとに、課税関係の全体像が把握できるよう「課税関係の概要」について触れたのち、M&A取引のストラクチャリングにおける税務上の重要な論点である「税制適格要件」、「繰越欠損金等の取扱い」について詳細な解説を行っている。さらに、組織再編取引の各当事者の課税関係について「非適格組織再編の課税関係」、「適格組織再編の課税関係」に区別のうえ解説を行っている。また、企業買収時に検討が必要なテーマとして欠損等法人の欠損金の繰越しの不適用制度についても解説している。

　また、No.4では、連結納税制度、グループ法人税制について、M&Aの局面で必要となってくる規定に焦点を絞って、具体的な事例に基づき解説を行っている。

　また併せて企業再生税制さらにクロスボーダー取引の留意事項についても、実践的な解説を行っている。

　No.5では、増減資、配当等の資本取引について、課税関係の詳細と共に、課税関係を検討するうえで重要と思われる会社法上の取扱い及び会計処理について解説している。また平成22年度の税制改正で組織再編税制に組み込まれた現物分配の課税関係及び完全子法人が清算した場合の繰越欠損金の引継ぎに

ついても解説している。

　本書は全5巻であるが、それぞれ独立した書籍として活用いただけるよう構成を行っている。
　また本書は全てQ&A方式による解説を行っており、必要な項目のみ確認できるようになっている。また、読者の理解の助けになるよう多くの図表、設例を交えて解説を行っている。
　ぜひ本書をM&A実務担当者の座右の書としてご活用いただきたい。

目　次

はじめに

本書の特徴と読み方

第1編　グループ（資本関係）の定義

- Q1-1　完全支配関係 ……………………………………………………… 2
- Q1-2　直接完全支配関係・みなし直接完全支配関係 ……………… 3
- Q1-3　グループ内で株式の持合いがある場合の完全支配関係の判定 …… 7
- Q1-4　完全支配関係における5%ルール …………………………… 9
- Q1-5　従業員持株会（証券会社方式と信託銀行方式の差異）…… 11
- Q1-6　従業員持株会（組合員に使用人兼務役員が含まれる場合）…… 13
- Q1-7　支配関係 …………………………………………………………… 14
- Q1-8　直接支配関係・みなし直接支配関係 ………………………… 15
- Q1-9　個人株主の取扱い ………………………………………………… 19
- Q1-10　自己株式の取扱い ……………………………………………… 21
- Q1-11　名義株の取扱い ………………………………………………… 22
- Q1-12　無議決権株式の取扱い ………………………………………… 23
- Q1-13　完全支配関係及び支配関係を有することとなった日 ……… 24

第2編　合併

第1章　概要

- Q2-1　合併税制の概要 …………………………………………………… 28

第2章　税制適格要件

第❶節　税制適格要件の概要 ……………………………………………… 32

- Q2-2　合併における税制適格要件 ……………………………………… 32

第❷節　適格合併の共通要件（金銭等不交付要件） ……………… 37
- Q2-3　合併親法人株式の交付 ………………………………………… 37
- Q2-4　配当見合いの合併交付金 ……………………………………… 41
- Q2-5　反対株主の買取請求による交付金 …………………………… 42
- Q2-6　1株未満の端数の処理 ………………………………………… 43

第❸節　企業グループ内の合併 ………………………………………… 45

第1項　100％グループ内の合併
- Q2-7　100％グループ内の合併の定義 ……………………………… 45
- Q2-8　3社吸収合併の場合の100％グループ内の合併の判定 ……… 48
- Q2-9　3社新設合併の場合の100％グループ内の合併の判定 ……… 50
- Q2-10　合併後の株式譲渡が見込まれる場合①（グループ外譲渡）…… 52
- Q2-11　合併後の株式譲渡が見込まれる場合②（グループ内譲渡）…… 54
- Q2-12　合併後の株式譲渡が見込まれる場合③
　　　　（当事者間の完全支配関係） ………………………………… 56
- Q2-13　合併後に合併法人が適格合併により解散する場合 ………… 58
- Q2-14　合併後に株主が適格合併により解散する場合 ……………… 60
- Q2-15　無対価合併の場合 ……………………………………………… 63

第2項　50％超100％未満グループ内の合併
- Q2-16　50％超100％未満グループ内の合併の定義 ………………… 67
- Q2-17　3社合併の場合の50％超100％未満グループ内の合併の判定 …… 69
- Q2-18　従業者引継要件①（概要） …………………………………… 70
- Q2-19　従業者引継要件②（従業者の範囲） ………………………… 72
- Q2-20　従業者引継要件③（従業者が従事することが見込まれる業務）
　　　　……………………………………………………………………… 73
- Q2-21　事業継続要件①（概要） ……………………………………… 74
- Q2-22　事業継続要件②（合併後の分割） …………………………… 76
- Q2-23　事業継続要件③（SPCが被合併法人となる場合） ………… 78
- Q2-24　合併後の株式譲渡が見込まれる場合（グループ外譲渡）…… 79

Q2-25	合併後に合併法人が適格合併により解散する場合	81
Q2-26	合併後に株主が適格合併により解散する場合	83
Q2-27	無対価合併の場合	86

第❹節　共同事業を営むための合併 … 90

Q2-28	共同事業を営むための合併の定義	90
Q2-29	3社合併の場合の共同事業を営むための合併の判定	91
Q2-30	事業関連性要件①（概要）	92
Q2-31	事業関連性要件②（製造卸売業と製品販売業の事業関連性の判定）	96
Q2-32	事業規模要件	98
Q2-33	経営参画要件	101
Q2-34	株式継続保有要件①（概要）	103
Q2-35	株式継続保有要件②（合併後の株式譲渡）	105
Q2-36	株式継続保有要件③（合併法人が被合併法人株式を保有している場合）	107
Q2-37	株式継続保有要件④（合併後に合併法人が適格合併により解散する場合）	109
Q2-38	株式継続保有要件⑤（合併後に株主が適格合併により解散する場合）	111
Q2-39	株式継続保有要件⑥（議決権のない株式）	113
Q2-40	株式継続保有要件⑦（法令上保有を制限される株式）	115
Q2-41	株式継続保有要件⑧（合併後の第三者割当増資が見込まれる場合）	116
Q2-42	株式継続保有要件⑨（議決権株式と無議決権株式の両方を発行する場合）	117
Q2-43	被合併法人の株主が50人以上である場合	120
Q2-44	従業者引継要件	121
Q2-45	事業継続要件	122

| | Q2-46 | 無対価合併の場合 …………………………………………123 |

第3章　繰越欠損金等の取扱い

第❶節　被合併法人が有する繰越欠損金の合併法人への引継ぎ …124
- Q2-47　被合併法人が有する繰越欠損金の取扱い ………………124
- Q2-48　被合併法人が有する繰越欠損金の引継制限 ……………126
- Q2-49　引継制限を受ける繰越欠損金の金額 ……………………127
- Q2-50　引継制限を受ける繰越欠損金の金額（事例）……………129
- Q2-51　繰越欠損金の引継制限の緩和 ……………………………132
- Q2-52　時価純資産超過額が支配関係前未処理欠損金額以上の場合 …136
- Q2-53　時価純資産超過額が支配関係前未処理欠損金額に満たない場合
　　　　　………………………………………………………………138
- Q2-54　簿価純資産超過額が支配関係事業年度以後の特定資産譲渡等
　　　　　損失相当額に満たない場合 ………………………………141

第❷節　合併法人が有する繰越欠損金の使用制限 ……………………144
- Q2-55　合併法人が有する繰越欠損金の使用制限 …………………144
- Q2-56　使用制限を受ける繰越欠損金の金額 ……………………146
- Q2-57　使用制限を受ける繰越欠損金の金額（事例）……………148
- Q2-58　繰越欠損金の使用制限の緩和 ……………………………151
- Q2-59　時価純資産超過額が支配関係前未処理欠損金額以上の場合 …155
- Q2-60　時価純資産超過額が支配関係前未処理欠損金額に満たない場合
　　　　　………………………………………………………………157
- Q2-61　簿価純資産超過額が支配関係事業年度以後の特定資産譲渡等
　　　　　損失相当額に満たない場合 ………………………………160

第❸節　特定資産譲渡等損失の損金算入制限 …………………………163
- Q2-62　特定資産譲渡等損失の損金算入制限 ……………………163
- Q2-63　特定資産譲渡等損失額の計算 ……………………………166

Q2-64	特定資産の範囲	168
Q2-65	特定資産譲渡等損失と特定資産譲渡等利益の範囲	172
Q2-66	特定資産譲渡等損失と特定資産譲渡等利益の計算	177
Q2-67	特定資産譲渡等損失額の計算の特例	181
Q2-68	時価純資産価額が簿価純資産価額以上である場合	185
Q2-69	時価純資産価額が簿価純資産価額に満たない場合	187

第❹節　支配関係発生日 …………………………………………190
Q2-70	支配関係の継続	190
Q2-71	合併法人の合併事業年度開始の日の5年前の日から継続して支配関係がある場合	191
Q2-72	被合併法人の設立の日から継続して支配関係がある場合	193
Q2-73	合併法人の設立の日から継続して支配関係がある場合	195
Q2-74	支配関係の継続があるとはされない場合	197

第❺節　みなし共同事業要件 …………………………………203
Q2-75	みなし共同事業要件	203
Q2-76	事業関連性要件	205
Q2-77	事業規模要件	206
Q2-78	事業規模継続要件	207
Q2-79	経営参画要件	209

第❻節　3社合併の場合 …………………………………………210
| Q2-80 | 3社新設適格合併の場合の取扱い | 210 |
| Q2-81 | 3社吸収適格合併の場合の取扱い | 212 |

第4章　非適格合併の課税関係

第❶節　被合併法人の課税関係 ………………………………213
| Q2-82 | 被合併法人の税務処理 | 213 |
| Q2-83 | 個別の移転資産等の取扱い | 217 |

Q2-84　被合併法人が合併法人の株式を保有している場合 …………219
Q2-85　グループ法人税制の適用を受ける非適格合併 …………………220
Q2-86　被合併法人の最後事業年度の申告・納付 …………………222
第❷節　合併法人の課税関係 ……………………………………………223
Q2-87　合併法人の税務処理 ……………………………………223
Q2-88　資産調整勘定及び負債調整勘定（概要）………………226
Q2-89　資産調整勘定 ……………………………………………228
Q2-90　退職給与負債調整勘定 …………………………………231
Q2-91　短期重要負債調整勘定 …………………………………233
Q2-92　差額負債調整勘定 ………………………………………235
Q2-93　純資産の部の取扱い ……………………………………237
Q2-94　被合併法人が合併法人の株式を保有している場合 …239
Q2-95　合併法人が被合併法人の株式を保有している場合（抱合株式）
　　　　………………………………………………………………241
第❸節　被合併法人の株主の課税関係 …………………………………246
Q2-96　被合併法人の株主の税務処理 …………………………246

第5章　適格合併の課税関係

第❶節　被合併法人の課税関係 …………………………………………249
Q2-97　被合併法人の税務処理 …………………………………249
Q2-98　被合併法人が合併法人の株式を保有している場合 …253
Q2-99　被合併法人の最後事業年度の申告・納付 ……………254
第❷節　合併法人の課税関係 ……………………………………………255
Q2-100　合併法人の税務処理 …………………………………255
Q2-101　純資産の部の取扱い …………………………………257
Q2-102　被合併法人が合併法人の株式を保有している場合 …259

Q2-103　合併法人が被合併法人の株式を保有している場合（抱合株式）
　　　　　……………………………………………………………261
第❸節　被合併法人の株主の課税関係 ……………………264
　Q2-104　被合併法人の株主の税務処理 …………………264

第6章　税務処理の具体例

　Q2-105　会計：パーチェス法　税務：適格合併 ……………………266
　Q2-106　会計：パーチェス法　税務：非適格合併 …………………273
　Q2-107　会計：共通支配下の取引　税務：適格合併 ………………280
　Q2-108　会計：共通支配下の取引　税務：非適格合併 ……………287

第**1**編

グループ（資本関係）の定義

　平成22年度の税制改正によりグループ法人税制が導入され、企業グループ内の組織再編取引及び資本取引に関する税制についても整備が進められています。組織再編税制においては、企業グループ内の組織再編取引であるか否かにより、課税上の取扱いが異なるため、法人税法上の企業グループの判定は重要なポイントになります。

　本稿においては、法人税法上の完全支配関係（100％グループ）及び支配関係（50％超グループ）の判定方法について詳細な解説を行っています。

第 1 編　グループ（資本関係）の定義

Q1-1　完全支配関係
完全支配関係の定義を教えてください。

Answer

完全支配関係とは、一の者（内国法人だけでなく外国法人及び個人も含まれます）が、法人の発行済株式等の全部を直接若しくは間接に保有する関係（当事者間の完全支配の関係といいます）又は一の者との間に当事者間の完全支配の関係がある法人相互の関係をいいます（法法２十二の七の六）。

解　説

当事者間の完全支配の関係

当事者間の完全支配の関係は、一の者が、法人の発行済株式等の全部を保有する場合におけるその者とその法人との関係（直接完全支配関係といいます）をいいます。

ここで、その一の者及びこれとの間に直接完全支配関係がある一若しくは二以上の法人又はその一の者との間に直接完全支配関係がある一若しくは二以上の法人が他の法人の発行済株式等の全部を保有するときは、その一の者は当該他の法人の発行済株式等の全部を保有するものとみなされます（みなし直接完全支配関係といいます）（法令４の２②）。

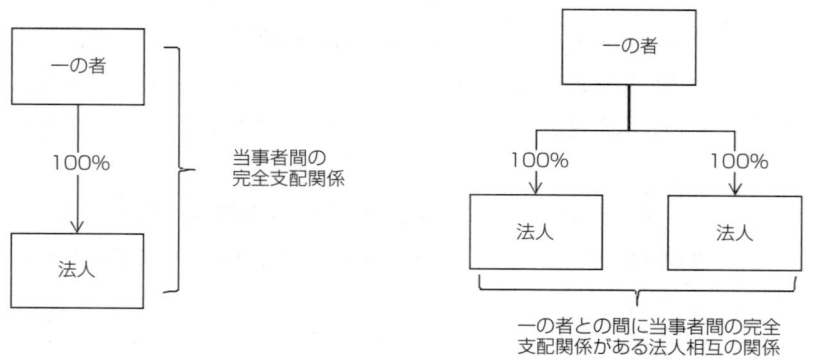

Q1-2 直接完全支配関係・みなし直接完全支配関係

完全支配関係の判定における「直接完全支配関係」、「みなし直接完全支配関係」とは、具体的にどのように株式を保有している場合をいうのか教えてください。

Answer

一の者が法人の発行済株式等の全部を保有する場合における当該一の者と当該法人との間の関係を「直接完全支配関係」といい、当該一の者がこれとの間に直接完全支配関係がある法人を通じて他の法人の発行済株式等の全部を保有する場合における当該一の者と当該他の法人との間の関係を一般的に「みなし直接完全支配関係」といいます。

解　説

1. 直接完全支配関係

一の者が法人の発行済株式等の全部を保有する場合における当該一の者と当該法人との間の関係を直接完全支配関係といいます。例1の場合、一の者と法人Aは直接完全支配関係があるとされます。

例1

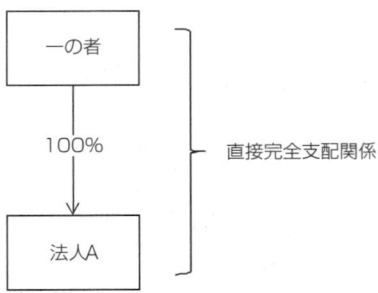

第1編　グループ（資本関係）の定義

2. みなし直接完全支配関係

　一の者が直接完全支配関係のある法人を通じて他の法人の発行済株式等の全部を保有する場合における当該一の者と当該他の法人の間の関係をみなし直接完全支配関係といいます。例2、例3の場合、一の者と法人Bはみなし直接完全支配関係があるとされます。

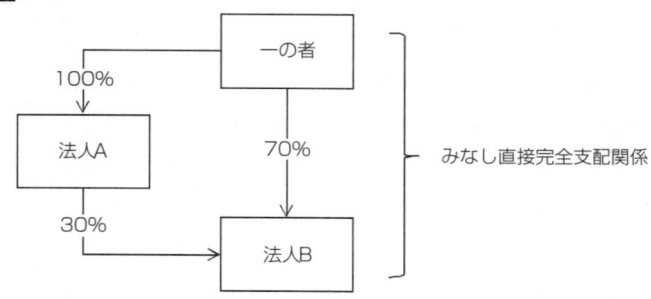

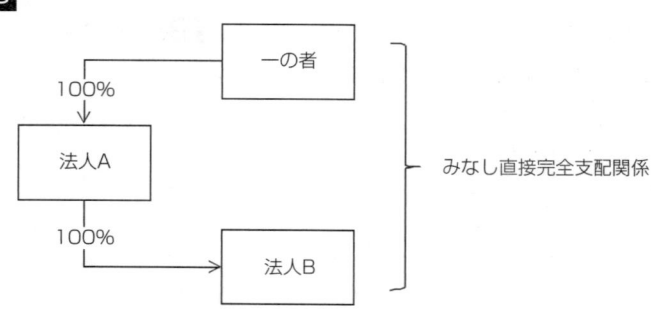

　さらに、一の者との間にみなし直接完全支配関係があるとされた他の法人との間に直接完全支配関係がある別の法人がある場合には、当該一の者と当該別の法人との間にもみなし直接完全支配関係があるとされます。例4、例5の場合、一の者と法人Cはみなし直接完全支配関係があるとされます。

　なお、一の者は、必ずしも完全支配関係の最上位に位置する者に限られるも

のではありません。例4、例5の場合において、法人Cからみれば、法人Bも一の者とみることができます。

例4

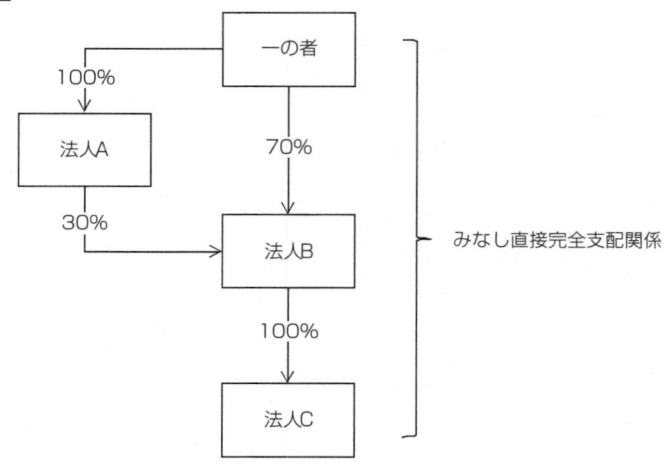

例5

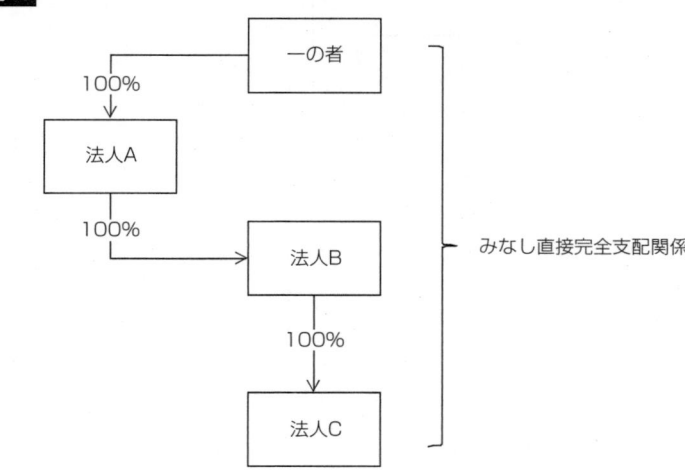

みなし直接完全支配関係は、そのみなされた法人による直接完全支配関係（み

第1編 グループ（資本関係）の定義

なし直接完全支配関係を含みます）がある法人が存在する限り連鎖することになります。

例6

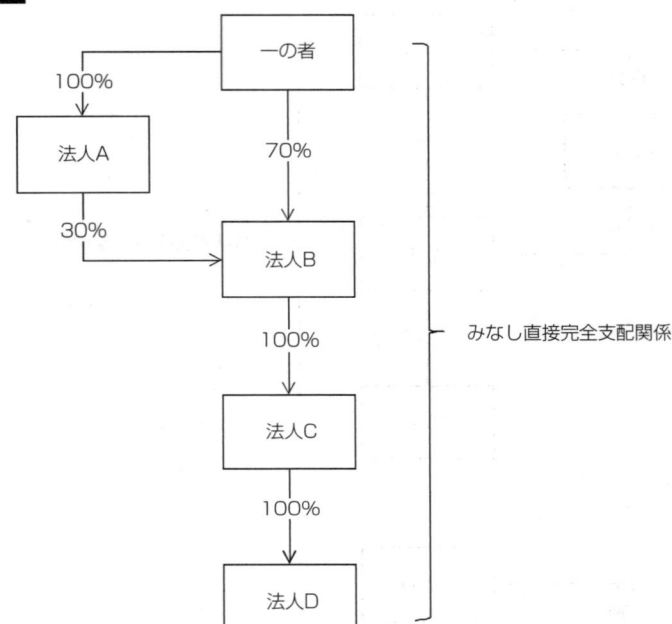

Q1-3 グループ内で株式の持合いがある場合の完全支配関係の判定

下図のように子会社間（B、C）で発行済株式の一部を相互に持ち合っている場合には、親会社Aと子会社Bの間、親会社Aと子会社Cの間及び子会社Bと子会社Cの間に完全支配関係はないものと考えるのでしょうか。

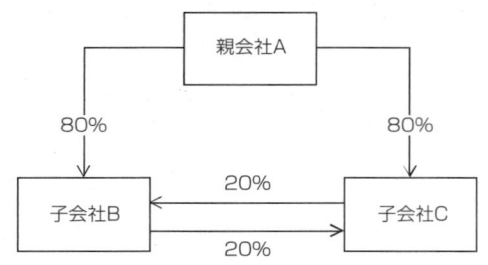

Answer

親会社Aと子会社Bの間、親会社Aと子会社Cの間及び子会社Bと子会社Cの間には、それぞれ完全支配関係があることとなります。

解　説

法人税法上、完全支配関係とは、当事者間の完全支配の関係又は一の者との間に当事者間の完全支配の関係のある法人相互の関係をいいます。

子会社Bと子会社Cとの間でその発行済株式の一部を相互に保有し合い、相互保有の株式以外の株式の全てを親会社Aが保有している場合には、親会社Aは子会社（B又はC）の発行済株式の全てを保有していないことから、親会社Aと子会社Bとの間及び親会社Aと子会社Cとの間には当事者間の完全支配の関係がないことになるのか、そうであれば、子会社Bと子会社Cとの間にも当事者間の完全支配の関係がある法人相互の関係もないことになるのか、という疑問が生じます。

第1編 グループ（資本関係）の定義

　ここで、完全支配関係の基本的な考え方として、法人の発行済株式の全てがグループ内のいずれかの法人によって保有され、その資本関係がグループ内で完結している関係、換言すればグループ内法人以外の者によってその発行済株式が保有されていない関係をいうものと解されます。

　したがって、本件のようにグループ内法人以外の者によってその発行済株式が保有されていない子会社Bと親会社Aの間、子会社Cと親会社Aの間及び子会社Bと子会社Cの間には、完全支配関係があるものとして取り扱うこととなります。

　［平成22年度税制改正に係る法人税質疑応答事例（グループ法人税制関係）国税庁（平成22年8月10日 法人課税課情報第4号 審理室情報第1号 調査課情報第2号）］

Q1-4 完全支配関係における5%ルール

完全支配関係の判定における5%ルール（従業員持株会所有株式及びストックオプションの行使により取得された株式の特例）を教えてください。

Answer

完全支配関係の判定上、一定の従業員持株会の所有株式数とストックオプションの行使により取得された株式数の合計が、発行済株式等の5％未満であるときは、その5％未満の株式数を発行済株式等から除いたところで保有割合を計算します（法法2十二の七の六）。

解 説

完全支配関係の判定における発行済株式等からは自己株式を除くほか、以下に掲げる従業員持株会の所有株式数とストックオプションの行使により取得された株式数の合計が、発行済株式等の5％未満であるときは、その5％未満の株式数を除くこととされています。

これらの株式は、基本的に安定株主として会社の経営権に影響を与えるものではなく、発行済株式の総数のうちにこれらの株式の占める割合が一定以下のものであれば持株割合の判定から除外しても差し支えないとの考えから、完全支配関係の判定上は除外することとされています。

1. 従業員持株会の所有株式

その法人の使用人が組合員となっている民法第667条第1項に規定する組合契約（その法人の発行する株式を取得することを主たる目的とするものに限ります）による組合（組合員となる者がその使用人に限られているものに限ります）のその主たる目的に従って取得された当該法人の株式（法基通1-3の2-3、1-3の2-4）

第1編 グループ（資本関係）の定義

2. ストックオプションの行使により取得された株式

会社法第238条第2項の決議等によりその法人の役員又は使用人（その役員又は使用人であった者及びその者の相続人を含みます）に付与された新株予約権の行使によって取得されたその法人の株式

Q1-5 従業員持株会（証券会社方式と信託銀行方式の差異）

社外委託により運営される従業員持株会には証券会社方式によるものと、信託銀行方式によるものがありますが、完全支配関係における5%ルールの判定上、両社の取扱いに違いはあるのでしょうか。

Answer

一般的に証券会社方式による従業員持株会が所有する一定の株式については、完全支配関係の判定における発行済株式等から除かれますが、信託銀行方式による従業員持株会の所有する株式については、完全支配関係の判定における発行済株式等から除かれません。

解説

完全支配関係の判定において、発行済株式等からは一定の従業員持株会の所有株式が除かれますが、この場合における従業員持株会は、法人の使用人が組合員となっている民法上の組合であり、かつ、その法人の発行する株式を取得することを主たる目的とするものに限られます。

証券会社方式による従業員持株会は、通常民法上の組合としての性格を有しますが、信託銀行方式による従業員持株会は、一般的には従業員の任意団体（法人税法上の人格のない社団等）として組織されることになります。

したがって、証券会社方式による従業員持株会に取得された株式は、その従業員持株会の主たる目的がその法人の株式の取得であり、かつ、会員を使用人に限定しているものである限り、完全支配関係の判定において発行済株式等から除かれる一定の株式に該当しますが、信託銀行方式による従業員持株会に取得された株式は、完全支配関係の判定において発行済株式等から除かれる一定の株式に該当しないことになります（法基通1-3の2-3）。

なお、証券会社方式によっている場合でも民法上の組合に該当しないものが

第1編　グループ（資本関係）の定義

存する可能性があり、また、証券会社方式以外の方式によっている場合であっても民法上の組合に該当する可能性があります。したがって、その従業員持株会の法的性格、目的及び会員となれる者の範囲に基づいて完全支配関係の判定において発行済株式等から除かれる一定の株式に該当するかどうかを判断することになります。

Q1-6 従業員持株会
（組合員に使用人兼務役員が含まれる場合）

完全支配関係における5％ルールの判定上、従業員持株会は、法人の使用人が組合員となっている民法上の組合であることが要件とされています。この場合における法人の使用人の範囲に使用人兼務役員は含まれるのでしょうか。

Answer

法人の使用人の範囲に使用人兼務役員は含まれません。

解説

完全支配関係の判定において、発行済株式等からは一定の従業員持株会の所有株式が除かれますが、この場合における従業員持株会は、法人の使用人が組合員となっている民法上の組合であり、かつ、その法人の発行する株式を取得することを主たる目的とするものに限られます。

法人の役員には、使用人としての職制上の地位を有し、かつ、常時使用人としての職務に従事する使用人兼務役員が存在します。ただし、使用人兼務役員はあくまでも法人税法上の役員であることから、使用人の範囲には含まれないことになります（法基通1-3の2-4）。

仮に法人が従業員持株会の会員に使用人兼務役員を含めている場合には、その従業員持株会によって保有される株式は、完全支配関係の判定上、発行済株式等から除外される株式に該当しないことになります。

第1編　グループ（資本関係）の定義

Q1-7　支配関係

支配関係の定義を教えてください。

Answer

　支配関係とは、一の者（内国法人だけでなく外国法人及び個人も含まれます）が、法人の発行済株式等の総数若しくは総額の50％超を直接若しくは間接に保有する関係（当事者間の支配の関係といいます）又は一の者との間に当事者間の支配の関係がある法人相互の関係をいいます（法法2十二の七の五）。

解　説

当事者間の支配の関係

　当事者間の支配の関係は、一の者が、法人の発行済株式等の総数若しくは総額の50％超を保有する場合におけるその者とその法人との関係（直接支配関係といいます）をいいます。

　ここで、その一の者及びこれとの間に直接支配関係がある一若しくは二以上の法人又はその一の者との間に直接支配関係がある一若しくは二以上の法人が他の法人の発行済株式等の総数若しくは総額の50％超を保有するときは、その一の者は当該他の法人の発行済株式等の総数若しくは総額の50％超を保有するものとみなされます（みなし直接支配関係といいます）（法令4の2①）。

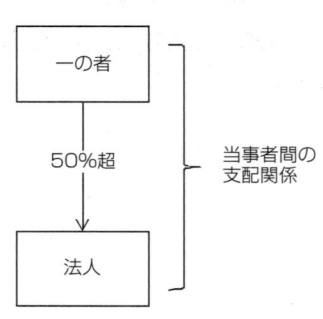

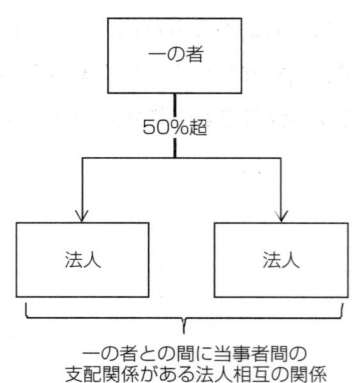

Q1-8 直接支配関係・みなし直接支配関係

支配関係の判定における「直接支配関係」、「みなし直接支配関係」とは、具体的にどのように株式を保有している場合をいうのか教えてください。

Answer

一の者が法人の発行済株式等の総数若しくは総額の50%超を保有する場合における当該一の者と当該法人との間の関係を「直接支配関係」といい、当該一の者がこれとの間に直接支配関係がある法人を通じて他の法人の発行済株式等の総数若しくは総額の50%超を保有する場合における当該一の者と当該他の法人との間の関係を一般的に「みなし直接支配関係」といいます。

解 説

1. 直接支配関係

一の者が法人の発行済株式等の総数若しくは総額の50%超を保有する場合における当該一の者と当該法人との間の関係を直接支配関係といいます。例1の場合、一の者と法人Aは直接支配関係があるとされます。

例1

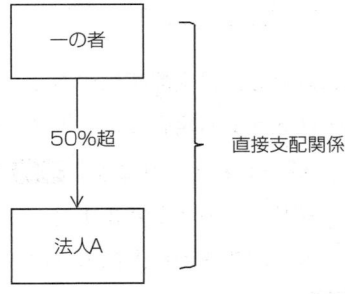

2. みなし直接支配関係

一の者が直接支配関係のある法人を通じて他の法人の発行済株式等の総数若

第1編　グループ（資本関係）の定義

しくは総額の50%超を保有する場合における当該一の者と当該他の法人の間の関係をみなし直接支配関係といいます。例2、例3の場合、一の者と法人Bはみなし直接支配関係があるとされます。

例2

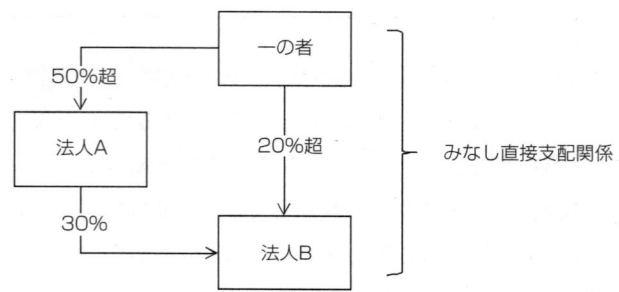

例3

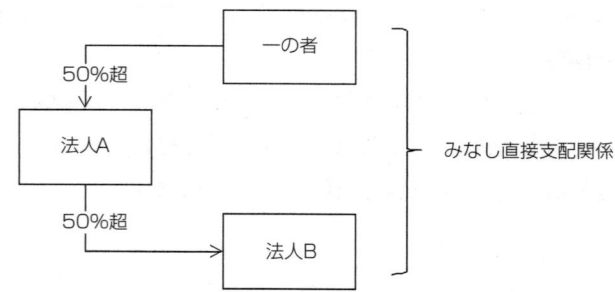

さらに、一の者との間にみなし直接支配関係があるとされた他の法人との間に直接支配関係がある別の法人がある場合には、当該一の者と当該別の法人との間にもみなし直接支配関係があるとされます。例4、例5の場合、一の者と法人Cはみなし直接支配関係があるとされます。

なお、一の者は、必ずしも支配関係の最上位に位置する者に限られるものではありません。例4、例5の場合において、法人Cからみれば、法人Bも一の者とみることができます。

例4

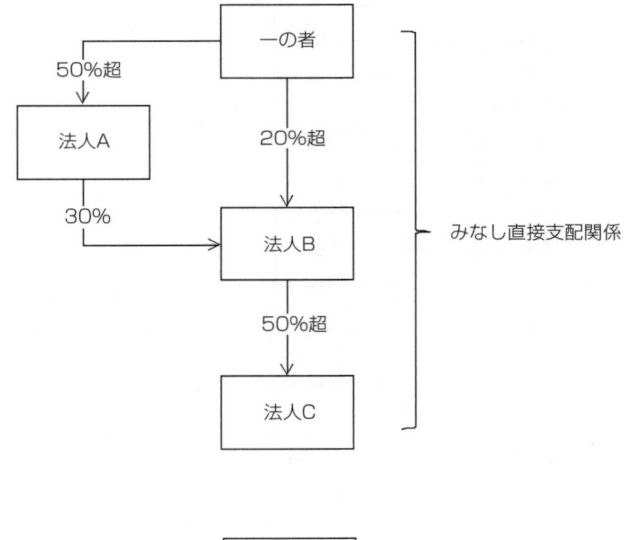

例5

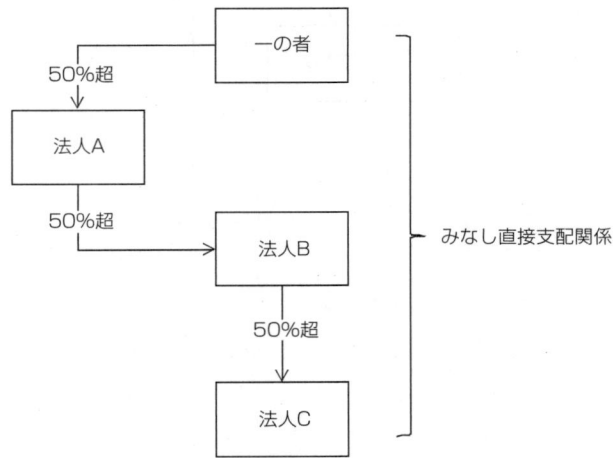

　みなし直接支配関係は、そのみなされた法人による直接支配関係（みなし直接支配関係を含みます）がある法人が存在する限り連鎖することになります。

第1編　グループ（資本関係）の定義

例6

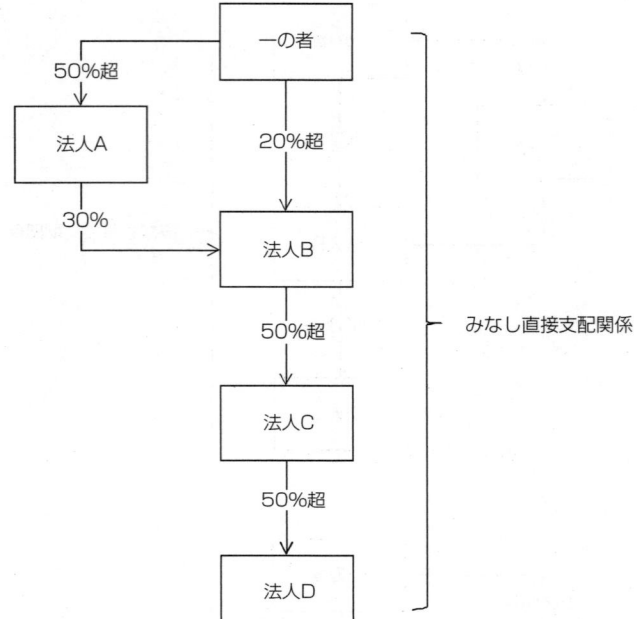

Q1-9 個人株主の取扱い

「一の者」が個人である場合の完全支配関係及び支配関係の判定方法を教えてください。

Answer

一の者が個人の場合には、その者及びこれと特殊の関係のある個人を含めたところで完全支配関係及び支配関係の判定をします（法令4①、4の2②）。

解説

一の者が個人である場合には、その者及びこれと特殊の関係がある個人が含まれます。つまり、一の者が個人の場合には、その者が保有する株式数とその者と特殊の関係のある個人が保有する株式数との合計により完全支配関係及び支配関係を判定することになります。

特殊の関係のある個人とは次に掲げるものをいいます（法令4の2②）。

1. その者の親族
2. その者と婚姻の届出をしていないが事実上婚姻関係と同様の事情にある者
3. その者の使用人
4. 1.から3.に掲げる者以外の者でその者から受ける金銭等によって生計を維持している者
5. 2.から4.までに掲げる者と生計を一にするこれらの者の親族

（注）親族とは、6親等内の血族、配偶者及び3親等内の姻族をいいます（民法725）。

第1編 グループ（資本関係）の定義

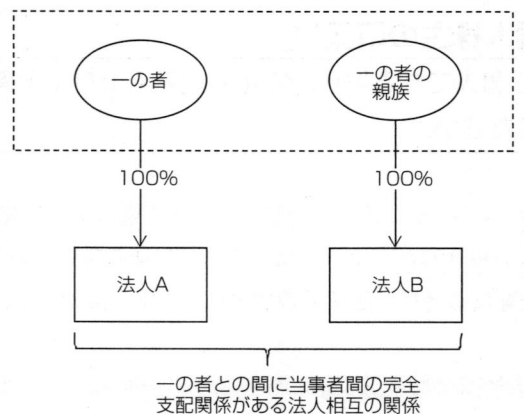

Q1-10 自己株式の取扱い

法人が自己株式を保有している場合の完全支配関係及び支配関係の判定方法を教えてください。

Answer

法人が有する自己株式は発行済株式等から除いて、完全支配関係及び支配関係の判定をします。

解説

完全支配関係及び支配関係の判定における発行済株式等からは、自己株式を除くこととされています（法法２十二の七の五、２十二の七の六）。

例1の場合には、一の者と法人Ａとの間に完全支配関係があるとされ、**例2**の場合には、一の者と法人Ａとの間に支配関係があるとされます。

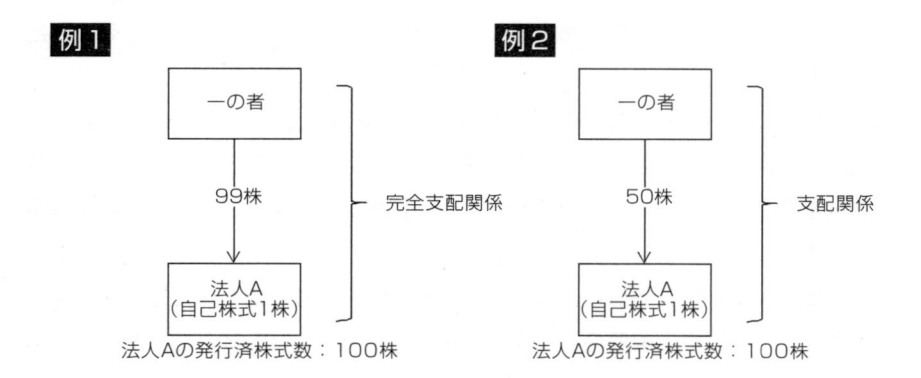

例1

一の者 → 99株 → 法人A（自己株式1株） 　｝完全支配関係

法人Aの発行済株式数：100株

例2

一の者 → 50株 → 法人A（自己株式1株） 　｝支配関係

法人Aの発行済株式数：100株

第1編　グループ（資本関係）の定義

Q1-11　名義株の取扱い

完全支配関係及び支配関係について、名義株がある場合の判定方法を教えてください。

Answer

名義株がある場合には、実際の権利者が株式等を保有するものとして完全支配関係及び支配関係の判定をします。

解説

会社法上、会社が株式を発行した場合には、株主名簿に株主の氏名又は名称及び住所その他所要の事項を記載等することが要され（会社法121）、また、会社の株主に対する通知又は催告は、株主名簿に記載等された株主の住所又は株主が会社に通知した連絡先にあてることをもって足りることとされています（会社法126①）。したがって、完全支配関係及び支配関係の判定は、原則として株主名簿等に記載された株主等の持株数又は出資金額を基礎としてその判定を行うこととなります。

しかしながら、株主名簿等に記載されている株主等が単なる名義人であって、実際の権利者が他に存在する場合もあります。この点、税務上は、いわゆる名義株をその外形どおりに取り扱うとすると税制の適用が恣意的に行われる可能性があることから、株主名簿等に記載されている株主等が単なる名義人であって、他に実際の権利者がいる場合には、その実際の権利者が株式等を保有するものとして、完全支配関係及び支配関係の判定を行うこととしています（法基通1-3の2-1）。

Q1-12　無議決権株式の取扱い

　完全支配関係及び支配関係の判定において、無議決権株式は法人の発行済株式等に含まれるのでしょうか。

Answer

　完全支配関係及び支配関係は、株式の議決権の有無にかかわらず、その法人の発行済株式の保有割合により判定されます。したがって、議決権のない株式も発行済株式等に含まれます。

解　説

　完全支配関係及び支配関係は、法人の発行済株式等の保有割合により判定することとされています（法法２十二の七の五、２十二の七の六）。
　この発行済株式等には法人が発行した株式等の全てが含まれることになります。つまり、普通株式のみならず、配当優先株式、無議決権株式等の種類株式も全て含めたところで完全支配関係及び支配関係の判定を行うことになります。

第1編　グループ（資本関係）の定義

Q1-13 完全支配関係及び支配関係を有することとなった日

完全支配関係及び支配関係を有することとなった日はいつになるのでしょうか。

Answer

完全支配関係及び支配関係を有することとなった日は、その有することとなった原因に応じて以下に掲げる日となります（法基通1-3の2-2）。

原　因	完全支配関係及び支配関係を有することとなった日
株式の購入	当該株式の引渡しのあった日
新たな法人の設立	当該法人の設立後最初の事業年度開始の日
合併（新設合併を除く）	合併の効力を生ずる日
分割（新設分割を除く）	分割の効力を生ずる日
株式交換	株式交換の効力を生ずる日

解　説

完全支配関係及び支配関係を有することとなった日とは、一般的には、一方の法人が他方の法人の発行済株式等の全部又は50％超を直接又は間接に保有するに至った日をいいます。株式を保有することとなる原因は様々であることから、税務上はその原因に応じて、その日がいつであるかを定めています。

1. 株式の購入

株式の購入により完全支配関係又は支配関係を有することとなる場合には、株式の購入に係る契約が成立した日ではなく、当該株式の株主権が行使できる状態になる株式の引渡しの日となります。

なお、平成21年1月5日から実施されている株券の電子化（株式振替制度）により、上場会社の株式に係る株券は全て廃止され、株券の存在を前提として

行われてきた株主権の管理が、証券保管振替機構及び証券会社等に開設された口座において電子的に行われることとなりました。これにより、上場会社の株式を譲渡する場合には、株券の引渡しに代えて、譲受人がその口座における保有欄に当該譲渡に係る数の増加の記載又は記録を受けることで、その効力が生じることになります（社債、株式等の振替に関する法律140）。したがって、この場合の株式の引渡しがあった日とは、譲渡人の口座から譲受人の口座への株式の振替が記録された日となります。

2. 新たな法人の設立

　法人が、金銭出資、現物出資等により他の法人を新設したことにより完全支配関係又は支配関係を有することとなる場合には、新設された法人の設立後最初の事業年度開始の日（設立の日）となります。

3. 合併（新設合併を除く）

　法人が合併法人となる吸収合併が行われた場合、被合併法人である他の法人に当該他の法人による完全支配関係又は支配関係がある子法人が存するときには、当該合併法人は、その吸収合併により当該子法人との完全支配関係又は支配関係を有することとなります。会社法上、吸収合併を行う場合には、吸収合併契約に効力発生日を定めることとされ（会社法749①六、751①七）、吸収合併存続会社（合併法人）はその効力発生日に吸収合併消滅会社（被合併法人）の権利義務を承継することとされていることから（会社法750①、752①）、吸収合併における完全支配関係又は支配関係を有することとなった日は、合併の効力を生ずる日となります。

4. 分割（新設分割を除く）

　法人が分割承継法人となる吸収分割が行われた場合、その吸収分割に係る分割法人から当該分割法人による完全支配関係又は支配関係がある子法人の株式の全てを承継したときには、当該分割法人は、その吸収分割により当該子法人

第 1 編　グループ（資本関係）の定義

との間に完全支配関係又は支配関係を有することになります。会社法上、吸収分割を行う場合には、吸収分割契約に効力発生日を定めることとされ（会社法758 七、760 六）、吸収分割承継会社（分割承継法人）は、その効力発生日に吸収分割会社（分割法人）の権利義務を承継することとされていることから（会社法 759 ①、761 ①）、吸収分割における完全支配関係又は支配関係を有することとなった日は、分割の効力が生じる日となります。

5. 株式交換

　法人による完全支配関係又は支配関係がある他の法人を株式交換完全親法人とする株式交換が行われた場合、当該法人は、その株式交換により株式交換完全子法人との間に完全支配関係又は支配関係を有することとなる場合があります。会社法上、株式交換を行う場合には、株式交換契約に効力発生日を定めることとされ（会社法 768 ①六、770 ①五）、株式交換完全親会社（株式交換完全親法人）はその効力発生日に株式交換完全子会社（株式交換完全子法人）の発行済株式の全部を取得することとされていることから（会社法 769 ①、771 ①）、株式交換における完全支配関係又は支配関係を有することとなった日は、株式交換の効力が生じる日となります。

第2編

合併

　本稿においては、合併に関する課税上の取扱いの概要、合併の各当事者において必要な税務処理を非適格合併の場合と適格合併の場合とに区別して解説しています。 合併に関する税務上の取扱いのなかでも、M＆A実務担当者の関心が高く、ストラクチャリングにおける重要なポイントである税制適格要件、繰越欠損金の引継ぎ・使用制限、特定資産譲渡等損失の損金算入制限については、具体的な事例を用いて、制度の内容から計算方法まで把握できるよう重点的に解説しています。

第2編　合併

第1章　概要

Q2-1　合併税制の概要
合併税制の概要を教えてください。

Answer

内国法人が合併をした場合には、原則として被合併法人が合併時の時価により資産及び負債を合併法人に対して譲渡したものして、移転資産及び負債の譲渡損益が計上されます。ただし、法人税法上の一定の要件を満たす合併については、移転資産及び負債の譲渡損益が繰り延べられます。税制上は前者の原則的取扱いを非適格合併、後者の特例的取扱いを適格合併として区別しています。

解説

1. 非適格合併

合併が行われた場合、被合併法人の資産及び負債は合併法人に包括承継され、被合併法人の株主は、合併法人から合併法人の株式その他の資産（以下、「合併対価資産」といいます）を直接交付されます。

ただし、税制においては、被合併法人が合併法人に対して資産及び負債を時価で譲渡し、その対価として合併法人から合併対価資産を取得し、ただちに被合併法人の株主に対して残余財産の分配として当該合併対価資産を交付したものと擬制し、課税上の取扱いを定めています。

非適格合併における、被合併法人、合併法人、被合併法人の株主の課税上の取扱いの概要は以下のようになります。

（1）被合併法人の取扱い

被合併法人は、合併時の時価により資産及び負債を合併法人に対して譲渡したものして、各事業年度の所得の金額を計算します（法法62①）。

合併による移転資産及び負債の譲渡損益（譲渡利益額又は譲渡損失額）は、被合併法人の最後事業年度の所得の金額の計算上、益金の額又は損金の額に算入されます（法法62②）。

譲渡利益額＝譲渡対価の額（合併対価資産の時価）－譲渡原価の額（簿価純資産価額）
譲渡損失額＝譲渡原価の額（簿価純資産価額）－譲渡対価の額（合併対価資産の時価）

　被合併法人が事業年度の中途において合併により解散した場合には、その事業年度開始の日から合併の日の前日までの期間がみなし事業年度とされます（法法14二）。このみなし事業年度のことを最後事業年度といい、合併による移転資産及び負債の譲渡損益は被合併法人の最後事業年度の所得の金額の計算上、益金の額又は損金の額に算入されることになります。

(2) 合併法人の取扱い

　合併法人は、非適格合併により被合併法人から承継した資産及び負債を合併時の時価により受け入れます。
　なお、合併法人が非適格合併により資産及び負債を受け入れた場合において、合併法人が交付した合併対価資産の時価と、その受け入れた資産及び負債の時価純資産価額に差額があるときは、その差額は資産調整勘定（企業会計上の正の差額のれんに相当）又は負債調整勘定（企業会計上の負の差額のれんに相当）の金額とされます（法法62の8）。

(3) 被合併法人の株主の取扱い

　被合併法人の株主が合併により交付を受けた合併対価資産は、被合併法人の残余財産の分配として交付されたものであることから、合併対価資産の時価を残余財産の分配額とみなして、みなし配当を認識することになります（法法24

第2編　合併

①一）。

　また、合併対価資産が合併法人の株式又は合併親法人株式以外の資産である場合には、旧株（被合併法人株式）の時価譲渡があったものとして株式譲渡損益が計上されます（法法61の2①）。

2. 適格合併

　税制上、「企業グループ内の合併」又は「共同事業を営むための合併」として一定の要件（以下、「税制適格要件」といいます）を満たす合併は適格合併とされます。なお、「企業グループ内の合併」と「共同事業を営むための合併」のいずれの場合においても、合併法人が交付する合併対価資産は、合併法人の株式又は合併親法人株式のいずれか一方の株式のみであることが条件とされています。

　適格合併の場合には、被合併法人は資産及び負債を税務上の帳簿価額をもって合併法人に引継ぎし、その対価として合併法人の株式又は合併親法人株式を移転した資産及び負債の簿価純資産価額により取得し、ただちにその株式を被合併法人の株主に交付したものとされます（旧法法62の2）。

　適格合併における、被合併法人、合併法人、被合併法人の株主の課税上の取扱いの概要は以下のようになります。

（1）被合併法人の取扱い

　被合併法人が適格合併により合併法人に資産及び負債の移転をした場合には、合併法人に対して、被合併法人の最後事業年度終了の時における税務上の帳簿価額により、その資産及び負債の引継ぎをしたものとして、各事業年度の所得の金額を計算します（法法62の2①）。つまり、合併により移転した資産及び負債の譲渡損益の計上は繰り延べられることになります。

（2）合併法人の取扱い

　合併法人は、適格合併により被合併法人から承継した資産及び負債を税務上

の帳簿価額により受け入れます。

　なお、適格合併を行った場合には、合併法人は被合併法人の繰越欠損金を引き継ぐことができます（法法57②）。ただし、繰越欠損金や含み損のある資産を利用した租税回避行為を防止する観点から、税制上、一定の制限が課されています。

（3）被合併法人の株主の取扱い

　適格合併の場合、被合併法人の株主にみなし配当は生じません。また、合併法人の株式又は合併親法人株式しか交付されない場合には、旧株（被合併法人）の簿価譲渡があったものとして株式譲渡損益も計上されません（法法61の2②）。

[参考] 被合併法人及び合併法人の課税関係の概要

合併により移転した資産及び負債	
非適格合併	適格合併
[被合併法人] 資産及び負債の時価譲渡（法法62） [合併法人] 資産及び負債の時価取得	[被合併法人] 資産及び負債の簿価引継ぎ（法法62の2） [合併法人] 資産及び負債の簿価引継ぎ（法令123の3）

[参考] 被合併法人の株主の課税関係の概要

みなし配当		株式譲渡損益		
適格合併	非適格合併	適格合併	非適格合併（株式交付のみ）	非適格合併（株式以外を交付）
みなし配当は生じない（法法24①一）	みなし配当が生じる（法法24①一、法令23①一）	譲渡損益は生じない（法法61の2①、②、法令119①五）	譲渡損益は生じない（法法61の2①、②、法令119①五）	譲渡損益が生じる（法法61の2①）

第2編　合併

第2章　税制適格要件

第❶節　税制適格要件の概要

Q2-2　合併における税制適格要件
合併における税制適格要件の概要を教えてください。

Answer

　合併における税制適格要件は、「企業グループ内の合併」と「共同事業を営むための合併」とに大別されています。さらに「企業グループ内の合併」は、「100%グループ内の合併」と「50%超100%未満グループ内の合併」とに区分されます。

解　説

1. 企業グループ内の合併
（1）100%グループ内の合併
　完全支配関係（100%の資本関係が合併後も継続する見込）のある企業グループ内で合併を行った場合において、次の要件を満たしたときは、その合併は適格合併とされます。

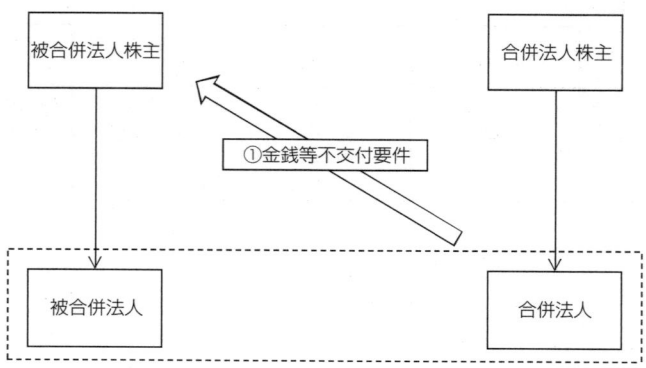

```
被合併法人株主                         合併法人株主
     │                                    │
     │         ①金銭等不交付要件          │
     │  ◁─────────────                   │
     ▼                                    ▼
┌ ─ ─ ─ ─ ─ ─ ─ ─ ─ ─ ─ ─ ─ ─ ─ ─ ─ ─ ─ ─ ┐
│  被合併法人                    合併法人  │
└ ─ ─ ─ ─ ─ ─ ─ ─ ─ ─ ─ ─ ─ ─ ─ ─ ─ ─ ─ ─ ┘
```

① 金銭等不交付要件
　被合併法人の株主に合併法人の株式又は合併親法人株式のいずれか一方の株式以外の資産が交付されないこと

(2) 50％超100％未満グループ内の合併
　支配関係（50％超の資本関係が合併後も継続する見込）のある企業グループ内で合併を行った場合において、次の要件を満たしたときは、その合併は適格合併とされます。

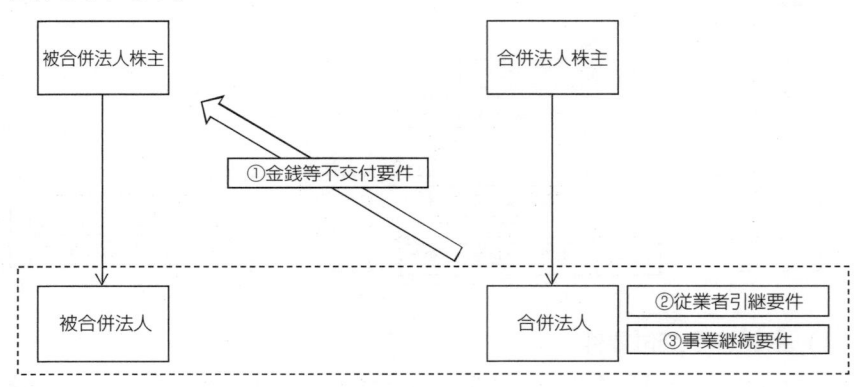

```
[被合併法人株主]      [合併法人株主]
        ①金銭等不交付要件
        ↓                    ↓
   ┌─────────────────────────────────────┐
   │ [被合併法人]      [合併法人]  ②従業者引継要件 │
   │                              ③事業継続要件   │
   └─────────────────────────────────────┘
```

① 金銭等不交付要件
　被合併法人の株主に合併法人の株式又は合併親法人株式のいずれか一方の株式以外の資産が交付されないこと

② 従業者引継要件
　被合併法人の合併の直前の従業者のうち、その総数の概ね80％以上に相当する数の者が、合併後に合併法人の業務に従事することが見込まれていること

③ 事業継続要件
　被合併法人の合併前に営む主要な事業が、合併後に合併法人において引き続き営まれることが見込まれていること

第2編　合併

2. 共同事業を営むための合併

支配関係（50%超の資本関係）を有しない法人との間で合併を行った場合において、次の要件を満たしたときは、その合併は適格合併とされます。ただし、その合併に係る被合併法人の株主が50人以上である場合又は合併に係る被合併法人の全て若しくは合併法人が資本若しくは出資を有しない法人である場合には、株式継続保有要件は課されません。

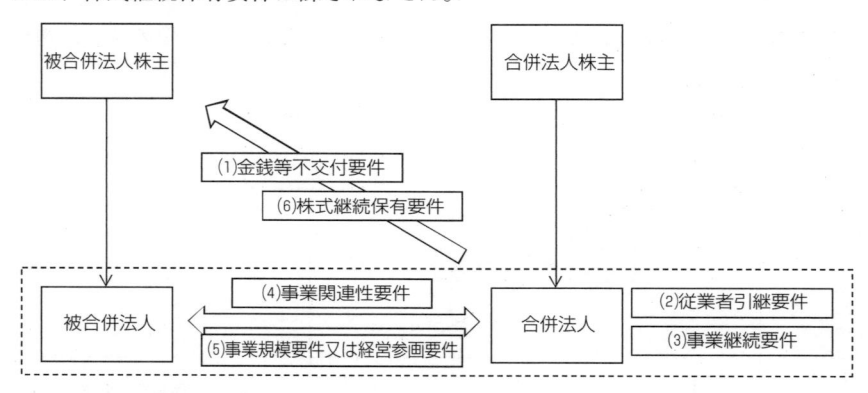

```
被合併法人株主                    合併法人株主

    ↖(1)金銭等不交付要件
      (6)株式継続保有要件

┌ ─ ─ ─ ─ ─ ─ ─ ─ ─ ─ ─ ─ ─ ─ ─ ─ ─ ─ ┐
│                                      │
│ 被合併法人 ←(4)事業関連性要件→ 合併法人   (2)従業者引継要件   │
│        (5)事業規模要件又は経営参画要件         (3)事業継続要件   │
│                                      │
└ ─ ─ ─ ─ ─ ─ ─ ─ ─ ─ ─ ─ ─ ─ ─ ─ ─ ─ ┘
```

（1）金銭等不交付要件

被合併法人の株主に合併法人の株式又は合併親法人株式のいずれか一方の株式以外の資産が交付されないこと

（2）従業者引継要件

被合併法人の合併の直前の従業者のうち、その総数の概ね80%以上に相当する数の者が、合併後に合併法人の業務に従事することが見込まれていること

（3）事業継続要件

被合併法人の合併前に営む主要な事業が、合併後に合併法人において引き続き営まれることが見込まれていること

（4）事業関連性要件

被合併法人の被合併事業（被合併法人の合併前に営む主要な事業）と、合併法人の合併事業（合併法人の合併前に営む事業）とが相互に関連するものであること

（5）事業規模要件又は経営参画要件

被合併法人の被合併事業と合併法人の合併事業のそれぞれの売上金額、従業者の数、被合併法人と合併法人の資本金の額若しくは出資金の額若しくはこれらに準ずるものの規模の割合が概ね5倍を超えないこと、又は、被合併法人の特定役員（社長、副社長、代表取締役、代表執行役、専務取締役、常務取締役又はこれらに準ずる者で法人の経営に従事している者）のいずれかと合併法人の特定役員のいずれかとが合併後に合併法人の特定役員になることが見込まれていること

（6）株式継続保有要件

合併直前の被合併法人の株主で、合併により交付を受ける合併法人の株式又は合併親法人株式のいずれか一方の株式の全部を継続して保有することが見込まれる者並びに合併法人（新設合併の場合には他の被合併法人）が有する被合併法人の株式数の合計が、その被合併法人の発行済株式等の総数の80％以上であること

第2編　合併

[参考] 税制適格要件の概要

税制適格要件	企業グループ内の合併		共同事業を営むための合併
	100%グループ内の合併(注2)	50%超100%未満グループ内の合併(注3)	
金銭等不交付要件	○	○	○
従業者引継要件		○	○
事業継続要件		○	○
事業関連性要件			○
事業規模要件又は経営参画要件			○
株式継続保有要件			○(注1)

(注1) 被合併法人の株主が50人以上の場合には適用なし
(注2) 合併後に一定の完全支配関係の継続が見込まれていることが必要
(注3) 合併後に一定の支配関係の継続が見込まれていることが必要

第❷節　適格合併の共通要件（金銭等不交付要件）

Q2-3　合併親法人株式の交付

適格合併として取り扱われる合併対価資産に合併親法人株式があります。合併親法人株式の内容を教えてください。

Answer

　合併親法人株式とは合併法人の発行済株式の全部を直接保有する親法人の株式をいいます。会社法上、合併をした場合に被合併法人の株主に対して合併親法人株式を交付することが認められています（三角合併）。法人税法では、合併対価資産を合併親法人株式とし、かつ、合併後にその合併法人と合併親法人の間に直接完全支配関係が継続する場合には、金銭等不交付要件を満たすとされています。なお、合併法人の株式と合併親法人株式の双方の株式を交付した場合には、その合併は非適格合併として取り扱われます。

解　説

　合併親法人株式とは、合併法人の親法人で、合併の直前に合併法人との間に直接完全支配関係（二の法人のいずれか一方の法人が他の法人の発行済株式等の全部を保有する関係）があり、かつ、その合併後にその合併法人とその親法人との間に親法人による直接完全支配関係が継続することが見込まれている場合におけるその親法人株式をいいます（法令4の3①）。

第2編 合併

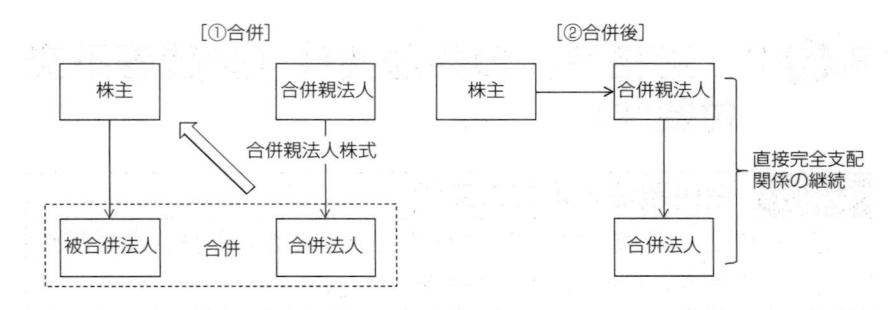

[①合併]

株主 ← 合併親法人
　　　合併親法人株式
↓　　　　　　↓
被合併法人　合併　合併法人

[②合併後]

株主 → 合併親法人
　　　　　　↓
　　　　　合併法人

｝直接完全支配
　関係の継続

　なお、合併後に合併法人又は合併親法人を被合併法人とする適格合併を行うことが見込まれている場合の合併法人と合併親法人の直接完全支配関係の継続については次のようにされています。

第2章　税制適格要件

1. 合併親法人を被合併法人とする適格合併が見込まれている場合

　合併後に合併法人と合併親法人との間に合併親法人による直接完全支配関係があり、かつ、その適格合併後に適格合併に係る合併法人とその合併に係る合併法人との間にその適格合併に係る合併法人による直接完全支配関係が継続すること

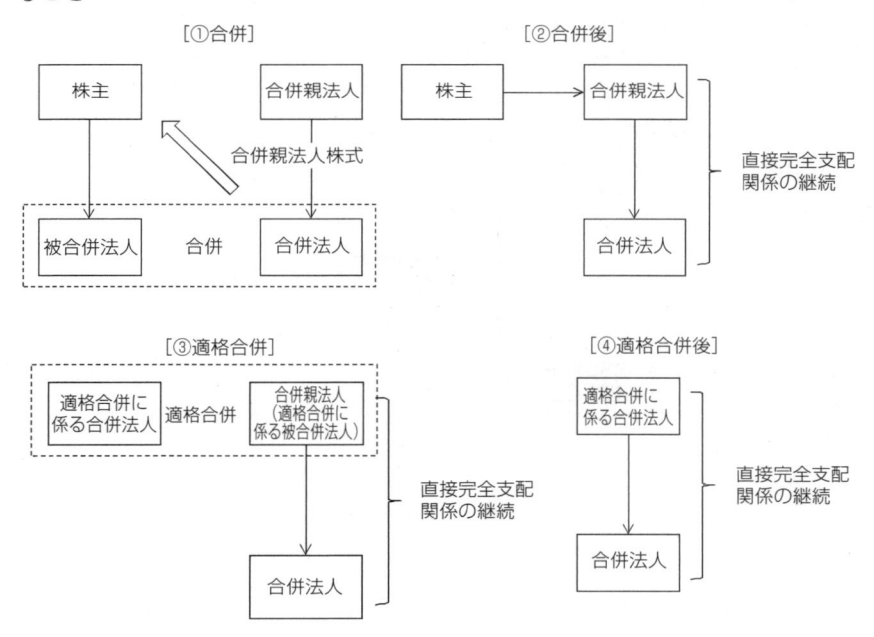

2. 合併法人を被合併法人とする適格合併が見込まれている場合

　その合併の時から適格合併の直前の時までその合併法人と親法人との間に直接完全支配関係が継続すること

第2編 合併

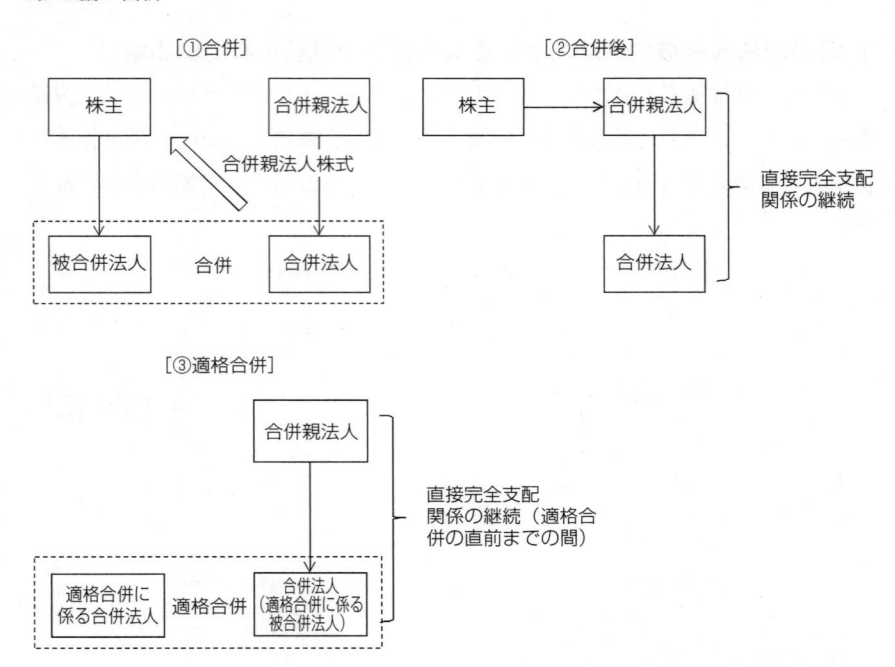

[①合併]

```
株主          合併親法人
            ↖ 合併親法人株式
  ↓            
被合併法人  合併  合併法人
```

[②合併後]

```
株主 → 合併親法人 ┐
         ↓       │ 直接完全支配
       合併法人   ┘ 関係の継続
```

[③適格合併]

```
        合併親法人       ┐
           ↓            │ 直接完全支配
適格合併に  合併法人       │ 関係の継続（適格合
係る合併法人 （適格合併に係る │ 併の直前までの間）
  適格合併  被合併法人）     ┘
```

第2章　税制適格要件

Q2-4　配当見合いの合併交付金

被合併法人の株主に対して合併法人株式の他に、被合併法人の最終事業年度の利益を考慮して配当見合いの合併交付金を支払う場合には、税制適格要件における「金銭等不交付要件」に抵触するのでしょうか。

Answer

配当見合いの合併交付金を交付する場合は、税制適格要件における「金銭等不交付要件」には抵触しません。

解　説

合併を行った場合において、被合併法人の株主に合併法人の株式又は合併親法人株式のいずれか一方の株式以外の資産（例：合併交付金等）を交付しないことが税制適格要件とされています。

ただし、配当見合いの合併交付金については、被合併法人の最終事業年度の剰余金の配当等として交付されるものであり、合併そのものに関連して交付されるものとはその性質が異なるものになります。

そのため、被合併法人の株主に対する剰余金の配当等として交付される金銭その他の資産については「被合併法人の株主に合併法人の株式又は合併親法人株式のいずれか一方の株式以外の資産」から除くこととされています（法法2十二の八）。

なお、剰余金の配当等として交付される金銭等に該当するかは、一般的には合併契約書の記載することで明らかにされると考えられますが、合併契約書等にその旨の明示又は記載がない場合には、当該合併交付金が支払われる経緯、支払いを受けた株主の認識等を総合的に検討し、実質的に、合併交付金のうちに利益の配当相当額があるかどうかを判断するのが相当とされています（国税不服審判所、平成15年12月5日裁決）。

第2編　合併

Q2-5　反対株主の買取請求による交付金

反対株主の株式買取請求権の行使に基づき、被合併法人の株主に対して株式買取代金を支払う場合には、税制適格要件における「金銭等不交付要件」に抵触するのでしょうか。

Answer

反対株主の買取請求に基づく対価として交付される金銭等は、税制適格要件における「金銭等不交付要件」には抵触しません。

解説

合併を行った場合において、被合併法人の株主に合併法人の株式又は合併親法人株式のいずれか一方の株式以外の資産（例：合併交付金等）を交付しないことが税制適格要件とされています。

会社法上、合併に反対する株主が買取請求権を行使した場合には、会社は買取請求に応じる必要がありますが、これは合併全体の対価について金銭による交付をしたものとまではいえないものと考えられます。

そのため、合併反対株主に対する買取請求に基づく対価として交付される金銭その他の資産については「被合併法人の株主に合併法人の株式又は合併親法人株式のいずれか一方の株式以外の資産」から除くこととされています（法法2十二の八）。

第 2 章　税制適格要件

Q2-6　1 株未満の端数の処理

　合併比率に起因して、被合併法人の株主に交付しなければならない合併法人の株式につき1株未満の端数（端株）が生じました。会社法上、1株に満たない端数が生じた場合には、合併法人が端数の合計数に相当する株式を競売し、競売により得た代金をその端数に応じて被合併法人の株主に交付することとされています。この場合には、税制適格要件における「金銭等不交付要件」に抵触するのでしょうか。

Answer

　被合併法人の株主に交付すべき合併法人の株式に1株未満の端数が生じたことにより、被合併法人の株主に対して交付する金銭等は、税制適格要件における「金銭等不交付要件」には抵触しません。

解　説

　合併を行った場合において、被合併法人の株主に合併法人の株式又は合併親法人株式のいずれか一方の株式以外の資産（例：合併交付金等）を交付しないことが税制適格要件とされています。

　被合併法人の株主に交付しなければならない合併法人の株式に1株未満の端数が生じたときは、会社法234条の規定に基づき、当該端数の合計数に相当する株式を競売し、かつ、その端数に応じて競売により得た代金を被合併法人の株主に交付することになります。この場合の金銭交付は、1株未満の端数の合計数に相当する株式が、端数部分の所有者に共有されたうえで、合併法人が所有者に代わって1株未満の端数の合計数に相当する数の株式を一括譲渡し、その代金を交付するにすぎないものです。

　そのため、合併に際して交付すべき合併法人の株式に1株未満の端数が生じたことによって、被合併法人の株主に金銭を交付したときは、被合併法人の株主に対して1株未満の端数に相当する株式を交付したものとして取り扱われま

第2編　合併

す（法基通1-4-2）。つまり、税制適格要件における「金銭等不交付要件」には抵触しないことになります。

　なお、合併法人が1株未満の端数処理に伴って収入する金銭の額又は株主に交付する金銭の額は、合併法人の所得計算上、益金の額又は損金の額に算入されないこととされています（法令139の3の2①）。

第❸節　企業グループ内の合併

第1項　100％グループ内の合併

Q2-7　100％グループ内の合併の定義

100％グループ内の合併の定義を教えてください。具体的に被合併法人と合併法人の間にどのような関係がある場合の合併をいうのでしょうか。

Answer

100％グループ内（完全支配関係のある法人間）の合併とは、被合併法人と合併法人との間に次に掲げる完全支配関係がある場合の合併をいいます（法法2十二の八イ、法令4の3②）。

(1) 当事者間の完全支配関係

被合併法人と合併法人（新設合併の場合には、被合併法人と他の被合併法人）との間にいずれか一方の法人による完全支配関係がある場合における被合併法人と合併法人の関係

(2) 同一の者による完全支配関係

合併前に被合併法人と合併法人との間に同一の者による完全支配関係があり、かつ、合併後にその同一の者とその合併法人との間にその同一の者による完全支配関係が継続することが見込まれている場合における被合併法人と合併法人の関係

解　説

100％グループ内（完全支配関係のある法人間）の合併とは、被合併法人と合併法人との間に次に掲げる完全支配関係がある場合の合併をいいます（法法2十二の八イ、法令4の3②）。

第2編　合併

1. 当事者間の完全支配関係

　被合併法人と合併法人（新設合併の場合には、被合併法人と他の被合併法人）との間にいずれか一方の法人による完全支配関係がある場合における被合併法人と合併法人の関係（同一の者による完全支配関係に該当するものは除きます）（法令4の3②一）

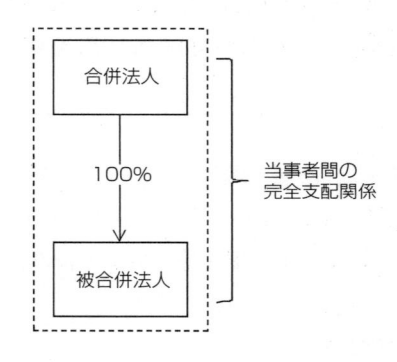

第2章　税制適格要件

2. 同一の者による完全支配関係

　合併前に被合併法人と合併法人との間に同一の者による完全支配関係があり、かつ、合併後に当該同一の者と当該合併法人との間に当該同一の者による完全支配関係が継続することが見込まれている場合における被合併法人と合併法人の関係（法令4の3②二）

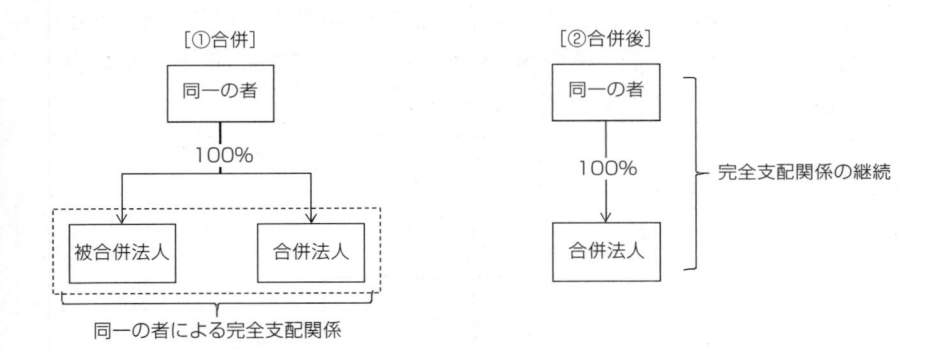

[①合併]

```
        同一の者
           │100%
     ┌─────┴─────┐
     ▼           ▼
  被合併法人   合併法人
```
　　　同一の者による完全支配関係

[②合併後]

```
  同一の者
     │100%
     ▼
  合併法人
```
　　　完全支配関係の継続

第2編　合併

Q2-8　3社吸収合併の場合の100%グループ内の合併の判定

A社はB社とC社とD社の発行済株式の100%を保有しています。B社を合併法人、C社とD社を被合併法人とする3社吸収合併を行うことを検討しています。この場合の100%グループ内の合併の判定方法について教えてください。また、合併の順序について、先にB社とC社の合併が行われ、その後B社とD社の合併を行ったとした場合の判定方法についても教えてください。

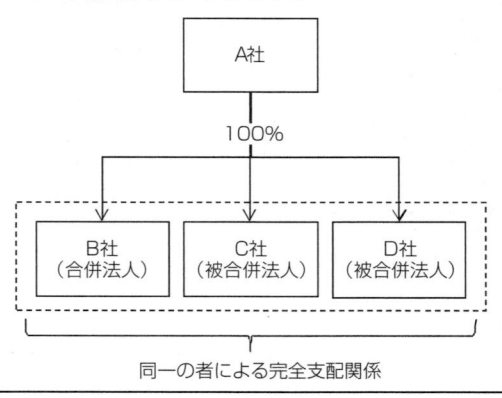

```
            ┌─────┐
            │ A社  │
            └──┬──┘
             100%
    ┌──────────┼──────────┐
    ▼          ▼          ▼
┌───────┐  ┌───────┐  ┌───────┐
│ B社   │  │ C社   │  │ D社   │
│(合併  │  │(被合併│  │(被合併│
│ 法人) │  │ 法人) │  │ 法人) │
└───────┘  └───────┘  └───────┘
    └──────────┬──────────┘
     同一の者による完全支配関係
```

Answer

3社吸収合併の場合には、複数回の合併が同時に行われたものとして、個々の合併ごとに100%グループ内の合併であるかを判定します。また、3社合併に個々の合併の順序が付されているときは、その順序に従って、グループ判定を行います。

なお、グループ判定のみならず、税制適格要件についても、個々の合併ごとに判定することになります。

解　説

3以上の法人が同時に合併する場合には、複数回の合併が同時に行われたも

第 2 章　税制適格要件

のとして、個々の合併ごとに 100% グループ内の合併の判定をすることになります。また 3 社合併の場合において、個々の合併に順序が付されている場合には、その順序に従ってグループ判定をすることになります。

　本件では、B 社と C 社との合併、B 社と D 社との合併の二つの合併が行われたものとして 100% グループ内の合併の判定をすることになります。

　まず、合併法人 B 社と被合併法人 C 社との合併については、合併前に B 社と C 社は A 社による完全支配関係（同一の者による完全支配関係）がありますので、合併後に B 社と A 社との間に A 社による完全支配関係が継続する場合には、100% グループ内の合併に該当します。

　次に合併法人 B 社と被合併法人 D 社との合併については、合併前に B 社と D 社は A 社による完全支配関係（同一の者による完全支配関係）がありますので、合併後に B 社と A 社との間に A 社による完全支配関係が継続する場合には、100% グループ内の合併に該当します。

　したがって、本件の 3 社合併は 100% グループ内の合併に該当することになります。

　なお、グループ判定のみならず、税制適格要件についても、個々の合併ごとに判定することになります。

(参考：平成 21 年 1 月 27 日　国税庁「三社合併における適格判定について（照会）」)

第2編　合併

Q2-9　3社新設合併の場合の100%グループ内の合併の判定

A社はB社とC社とD社の発行済株式の100%を保有しています。B社、C社、D社の3社新設合併を行うことを検討しています。この場合の100%グループ内の合併の判定方法について教えてください。

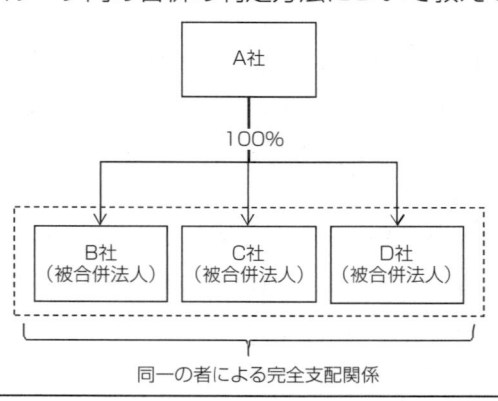

```
           A社
            │
           100%
     ┌──────┼──────┐
   ┌─▼──┐ ┌─▼──┐ ┌─▼──┐
   │ B社│ │ C社│ │ D社│
   │(被合併│ │(被合併│ │(被合併│
   │ 法人)│ │ 法人)│ │ 法人)│
   └────┘ └────┘ └────┘
     └──────┬──────┘
      同一の者による完全支配関係
```

Answer

3社新設合併の場合には、全体を一つの合併として、100%グループ内の合併の判定をします。なお、グループ判定のみならず、税制適格要件についても、全体を一つの合併として判定することになります。

解説

2以上の法人で新設合併する場合には、全体を一つの合併として100%グループ内の合併の判定をすることになります。つまり、合併前に被合併法人と他の被合併法人との間に当事者間の完全支配関係がある場合、又は、合併前に被合併法人と他の被合併法人との間に同一の者による完全支配関係があり、かつ、合併後にその同一の者と被合併法人との間にその同一の者による完全支配関係が継続することが見込まれているかどうかで、100%グループ内の合併の判定をすることになります（法令4の3②）。

― 50 ―

第2章 税制適格要件

　具体的に本件では、まず、合併前において、次の法人の組み合わせの全てにおいて、当事者間の完全支配関係又は同一の者による完全支配関係があるかを判定します。

　被合併法人B社：他の被合併法人C社、他の被合併法人D社
　被合併法人C社：他の被合併法人B社、他の被合併法人D社
　被合併法人D社：他の被合併法人B社、他の被合併法人C社

　いずれの組み合わせにおいても、A社による完全支配関係がありますので、本件では、合併前に被合併法人と他の被合併法人との間に、同一の者による完全支配関係があることになります。
　したがって、合併後に、A社と被合併法人（新設合併により設立された法人）との間にA社による完全支配関係が継続することが見込まれている場合には、100％グループ内の合併に該当することになります。
　また、グループ判定のみならず、税制適格要件の判定も全体を一つの合併として判定することになります。

第2編　合併

Q2-10 合併後の株式譲渡が見込まれる場合①（グループ外譲渡）

A社はB社とC社の発行済株式の100％を保有しています。B社を合併法人、C社を被合併法人とする合併を行い、合併後にA社はB社の発行済株式の全てを資本関係のない第三者に譲渡する予定です。この場合、100％グループ内の合併に該当するのでしょうか。

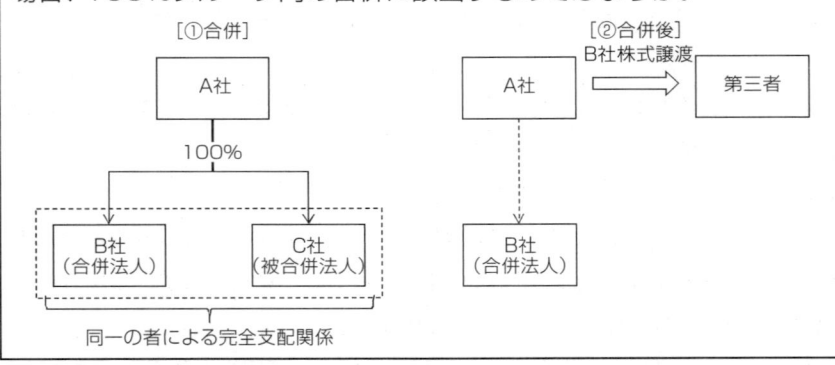

［①合併］

A社
↓100％
B社（合併法人）　C社（被合併法人）
同一の者による完全支配関係

［②合併後］
B社株式譲渡
A社 ⇒ 第三者
B社（合併法人）

Answer

合併前に被合併法人C社と合併法人B社との間にA社による完全支配関係がありますが、合併後にA社と合併法人B社との間にA社による完全支配関係の継続が見込まれていないため、100％グループ内の合併には該当しません。

解　説

本件では、合併前に被合併法人C社と合併法人B社との間に同一の者（A社）による完全支配関係があります。ここで、同一の者による完全支配関係がある法人間の合併においては、合併後に当該同一の者と当該合併法人との間に当該同一の者による完全支配関係が継続することが見込まれていることが100％グループ内の合併の要件となります（法法２十二の八イ、法令４の３②）。

したがって、B社とC社の合併が100％グループ内の合併となるには、A社が合併後においても、合併法人B社の株式の全部を直接又は間接に継続して保

有すること（完全支配関係が継続すること）が見込まれていることが必要です。

　本件においては、A社は合併後に合併法人B社の株式の全てを資本関係のない第三者に譲渡することを予定していることから、A社と合併法人B社の完全支配関係の継続が見込まれていないことになるため、B社とC社の合併は100%グループ内の合併には該当しないことになります。

第2編　合併

Q2-11 合併後の株式譲渡が見込まれる場合②（グループ内譲渡）

A社はB社とC社の発行済株式の100%を保有しています。B社を合併法人、C社を被合併法人とする合併を行い、合併後にA社はB社の発行済株式の全てをA社の100%親会社であるD社に譲渡する予定です。この場合、100%グループ内の合併に該当するのでしょうか。

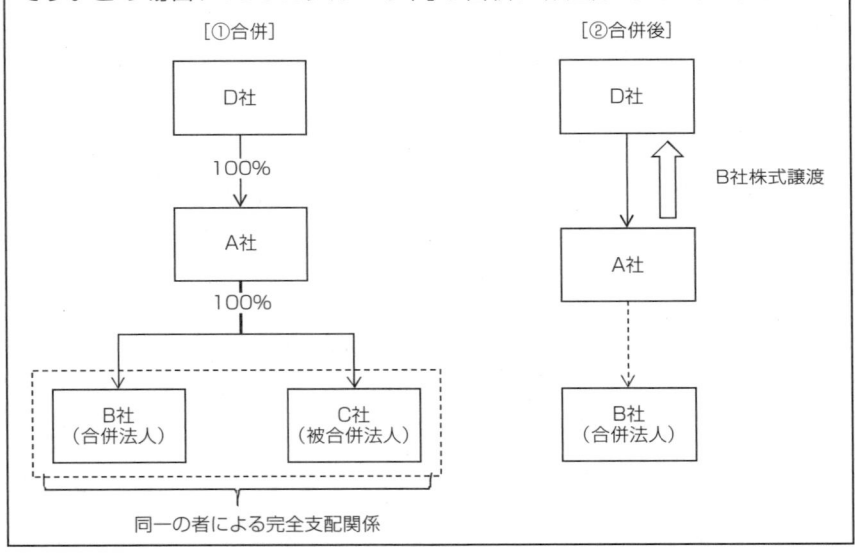

[①合併]

```
        D社
         │100%
        A社
         │100%
    ┌────┴────┐
   B社       C社
 (合併法人) (被合併法人)
    └─────────┘
   同一の者による完全支配関係
```

[②合併後]

```
   D社
    ↑  B社株式譲渡
   A社
    ┆
   B社
 (合併法人)
```

Answer

合併前に被合併法人C社と合併法人B社との間にD社による完全支配関係があり、かつ、合併後にD社と合併法人B社との間にD社による完全支配関係の継続が見込まれているため、100%グループ内の合併に該当します。

解説

本件では、合併前に被合併法人C社と合併法人B社との間に同一の者（D社）による完全支配関係があります。ここで、同一の者による完全支配関係がある

法人間の合併においては、合併後に当該同一の者と当該合併法人との間に当該同一の者による完全支配関係が継続することが見込まれていることが100%グループ内の合併の要件となります（法法２十二の八イ、法令４の３②）。

したがって、Ｂ社とＣ社の合併が100%グループ内の合併となるには、Ｄ社が合併後においても、合併法人Ｂ社の株式の全部を直接又は間接に継続して保有すること（完全支配関係が継続すること）が見込まれていることが必要です。

本件においては、Ａ社は合併後に合併法人Ｂ社の株式の全てを100%親会社であるＤ社に譲渡することを予定していますが、譲渡後もＤ社とＢ社の完全支配関係は維持されますので、合併後にＤ社と合併法人Ｂ社の完全支配関係が見込まれているものとして、Ｂ社とＣ社の合併は、100%グループ内の合併に該当します。

第2編 合併

Q2-12 合併後の株式譲渡が見込まれる場合③（当事者間の完全支配関係）

A社はB社の発行済株式の100%を保有しています。B社を被合併法人、A社を合併法人とする合併を行うことを検討しています。なお、A社の株主はC社（40%）、D社（30%）、E社（30%）の3社のみであり、株主3社の間に資本関係はありません。

A社とB社の合併後に、C社は自身が保有するA社株式の全て（40%）を、資本関係のないF社に譲渡することを予定しています。この場合、100%グループ内の合併に該当するのでしょうか。

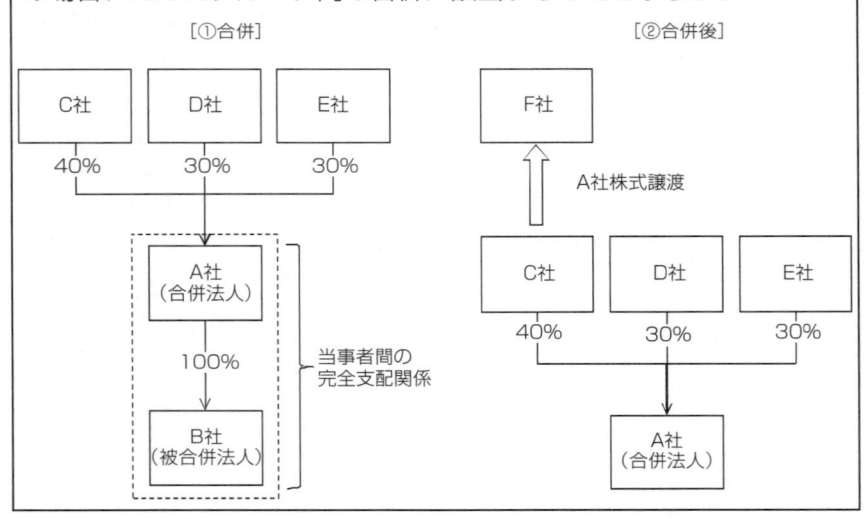

［①合併］

```
  C社     D社     E社
  40%    30%    30%
      ┌───┐
      │A社 │
      │(合併法人)│      当事者間の
      │ 100% │      完全支配関係
      │B社 │
      │(被合併法人)│
      └───┘
```

［②合併後］

```
         F社
          ↑ A社株式譲渡
  C社     D社     E社
  40%    30%    30%
         A社
       (合併法人)
```

Answer

被合併法人B社と合併法人A社との間に、当事者間の完全支配関係があるため、100%グループ内の合併に該当します。

解説

本件では、合併前に被合併法人B社と合併法人A社との間に当事者間の完

全支配関係があります。

　当事者間の完全支配関係がある法人間の合併の場合、合併法人の株主自体は被合併法人の株式を取得することはないため、合併法人の株式を合併後に継続保有する要件は課されていません（法令4の3②一）。

　したがって、A社とB社の合併後にC社が合併法人A社の株式を外部に譲渡したとしても、A社とB社の合併は100%グループ内の合併に該当します。

第2編　合併

Q2-13　合併後に合併法人が適格合併により解散する場合

A社はB社とC社の発行済株式の100%を保有しています。B社を合併法人、C社を被合併法人とする合併を行うことを検討しています。なお、合併後に合併法人B社と資本関係のないD社との間で、B社を被合併法人、D社を合併法人とする適格合併を行う予定です。この場合、100%グループ内の合併に該当するのでしょうか。

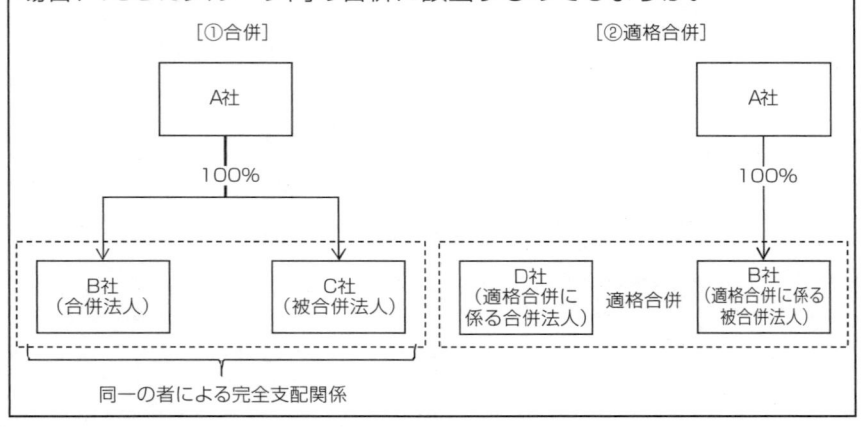

［①合併］

A社
↓100%
┌─────────────┬─────────────┐
│ B社   │ C社   │
│（合併法人） │（被合併法人）│
└─────────────┴─────────────┘
　　　同一の者による完全支配関係

［②適格合併］

A社
↓100%
D社（適格合併に係る合併法人）　←適格合併―　B社（適格合併に係る被合併法人）

Answer

合併後に合併法人が解散することが見込まれている場合には、完全支配関係の継続が見込まれていないことになるため、100%グループ内の合併には該当しませんが、合併後に合併法人が適格合併により解散する場合には特例が認められています。

解　説

本件では、合併前に被合併法人C社と合併法人B社との間に同一の者（A社）による完全支配関係があります。

ここで、同一の者による完全支配関係がある法人間の合併においては、合併後にその同一の者とその合併法人との間にその同一の者による完全支配関係が

第2章 税制適格要件

継続することが見込まれていることが100%グループ内の合併の要件となりますので、合併後に合併法人が解散することが予定されている場合には、完全支配関係の継続が見込まれていないことになるため、100%グループ内の合併には該当しないことになります。

ただし、当初の合併後に当初の合併に係る合併法人を被合併法人とする適格合併を行うことが見込まれている場合には、当初の合併の時からその適格合併の直前の時までその同一の者とその合併法人との間に、その同一の者による完全支配関係が継続することが見込まれていれば100%グループ内の合併として認めることとされています（法法2十二の八イ、法令4の3②）。

したがって、B社とC社の合併が100%グループ内の合併となるには、当初の合併の時からB社とD社の適格合併の直前の時まで、A社が合併法人B社の株式の全部を直接又は間接に継続して保有すること（完全支配関係が継続すること）が見込まれていることが必要です。

本件においては、当初の合併の時からB社とD社の適格合併の直前の時までA社とB社との間にA社による完全支配関係が継続することが見込まれている場合には、B社とC社の合併は100%グループ内の合併に該当することになります。

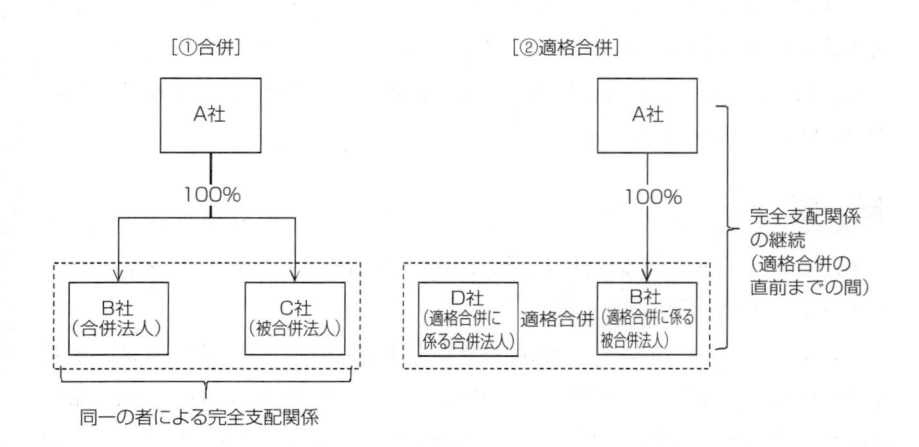

[①合併]

```
        A社
         │100%
    ┌────┴────┐
   B社         C社
(合併法人)   (被合併法人)
   └────┬────┘
同一の者による完全支配関係
```

[②適格合併]

```
        A社
         │100%
    ┌────┴────┐
   D社         B社
(適格合併に    (適格合併に係る
 係る合併法人) 被合併法人)
     ←適格合併←
```

完全支配関係の継続
（適格合併の直前までの間）

第2編　合併

Q2-14　合併後に株主が適格合併により解散する場合

A社はB社とC社の発行済株式の100%を保有しています。B社を合併法人、C社を被合併法人とする合併を行うことを検討しています。なお、合併後にA社と資本関係のないD社との間で、A社を被合併法人、D社を合併法人とする適格合併を行う予定です。この場合、100%グループ内の合併に該当するのでしょうか。

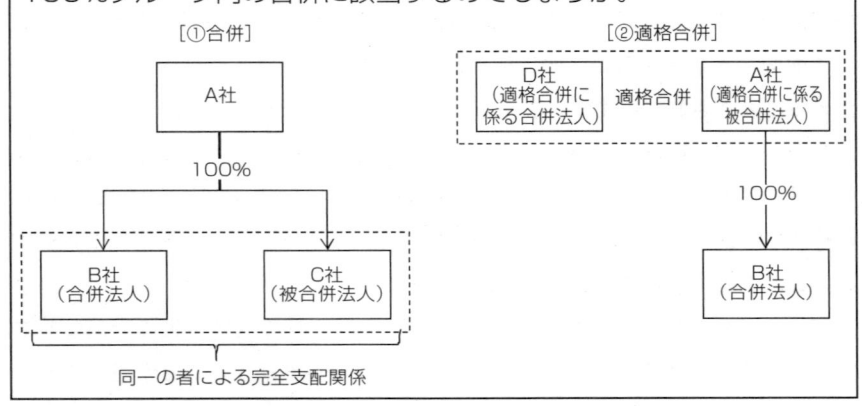

［①合併］

```
           A社
            │100%
      ┌─────┴─────┐
     B社          C社
  （合併法人）  （被合併法人）
      └─────┬─────┘
   同一の者による完全支配関係
```

［②適格合併］

```
  D社                  A社
（適格合併に  適格合併  （適格合併に係る
 係る合併法人）          被合併法人）
                        │100%
                        ▼
                       B社
                    （合併法人）
```

Answer

合併後に株主（同一の者）が解散することが見込まれている場合には、完全支配関係の継続が見込まれていないことになるため、100%グループ内の合併には該当しませんが、合併後に株主（同一の者）が適格合併により解散する場合には特例が認められています。

解　説

本件では、合併前に被合併法人C社と合併法人B社との間に同一の者（A社）による完全支配関係があります。

ここで、同一の者による完全支配関係がある法人間の合併においては、合併後にその同一の者とその合併法人との間にその同一の者による完全支配関係が継続することが見込まれていることが100%グループ内の合併の要件となりま

すので、合併後に同一の者が解散することが予定されている場合には、完全支配関係の継続が見込まれていないことになるため、100%グループ内の合併には該当しないことになります。

　ただし、当初の合併後にその同一の者を被合併法人とする適格合併を行うことが見込まれている場合には、当初の合併後にその同一の者と当初の合併に係る合併法人との間に同一の者による完全支配関係があり、適格合併後にその適格合併に係る合併法人と当初の合併に係る合併法人との間に適格合併に係る合併法人による完全支配関係が継続することが見込まれていれば100%グループ内の合併として認めることとされています（法法２十二の八イ、法令４の３②）。

　したがって、Ｂ社とＣ社の合併が100%グループ内の合併となるには、当初の合併後にＡ社が合併法人Ｂ社の株式の全部を直接又は間接に保有しており（完全支配関係が継続すること）、適格合併後にＤ社がＢ社の株式の全部を直接又は間接に継続して保有すること（完全支配関係が継続すること）が見込まれていることが必要です。

　本件においては、Ｂ社とＣ社の合併後にＡ社とＢ社との間にＡ社による完全支配関係があり、かつ、Ａ社とＤ社の適格合併後にＤ社とＢ社との間にＤ社による完全支配関係が継続することが見込まれる場合には、Ｂ社とＣ社の合併は100%グループ内の合併に該当します。

第2編　合併

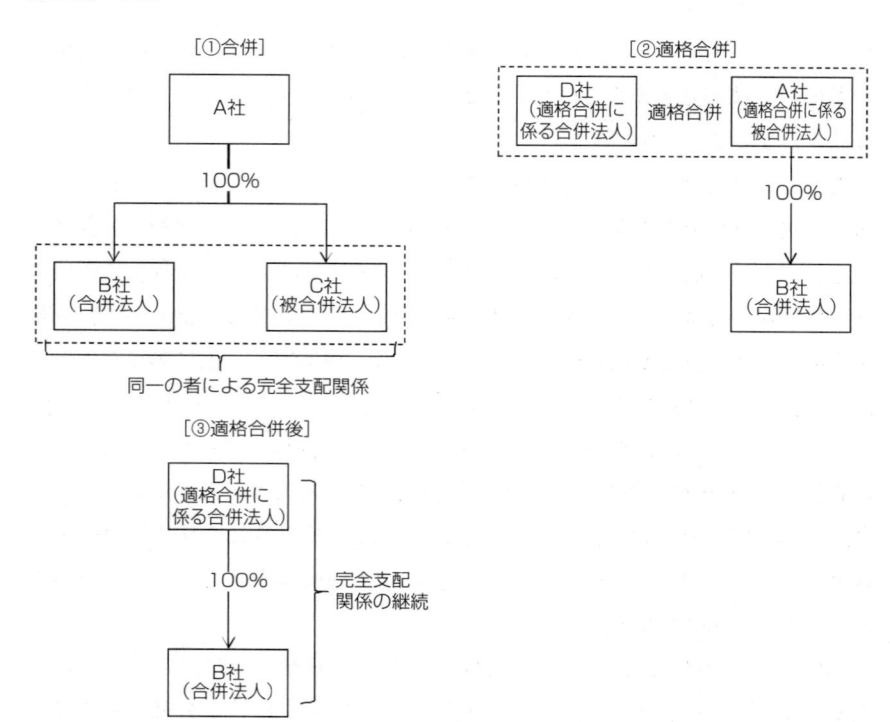

[①合併]

```
        A社
         │ 100%
    ┌────┴────┐
   B社         C社
 (合併法人) (被合併法人)
   └─────┬─────┘
   同一の者による完全支配関係
```

[②適格合併]

```
 D社              A社
(適格合併に  適格合併  (適格合併に係る
 係る合併法人)          被合併法人)
                    │ 100%
                   B社
                 (合併法人)
```

[③適格合併後]

```
   D社
(適格合併に
 係る合併法人)  ┐
   │ 100%     │ 完全支配
   ▼          │ 関係の継続
   B社         │
 (合併法人)   ┘
```

第2章 税制適格要件

Q2-15 無対価合併の場合

無対価合併の場合の、100％グループ内の合併の要件を教えてください。

Answer

無対価合併の場合には、被合併法人と合併法人との間に一定の当事者間の完全支配関係又は一定の同一の者による完全支配関係がある場合に限り100％グループ内の合併となります。

解 説

合併に際して被合併法人の株主等に合併法人の株式その他の資産が交付されないもの（いわゆる無対価合併）については、被合併法人と合併法人との間に次の関係がある場合に限り、100％グループ内の合併とされます。なお、次の関係によらない場合には、その合併は非適格合併に該当することになります。

1. 当事者間の完全支配関係

被合併法人と合併法人（新設合併の場合には、被合併法人と他の被合併法人）との間に合併法人が被合併法人の発行済株式等の全部を保有する関係がある場合における被合併法人と合併法人の関係

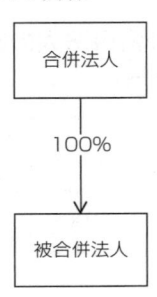

```
        ┌─────────┐
        │ 合併法人 │
        └─────────┘
             │
           100%
             ↓
        ┌─────────┐
        │被合併法人│
        └─────────┘
```

第2編　合併

2. 同一の者による完全支配関係

　合併前に被合併法人と合併法人との間に同一の者による完全支配関係のうち以下に掲げる関係があり、かつ、合併後に当該同一の者と当該合併法人との間に当該同一の者による完全支配関係が継続することが見込まれている場合における被合併法人と合併法人の関係

(1) 合併法人が被合併法人の発行済株式等の全部を保有する関係（法令4の3②二イ）

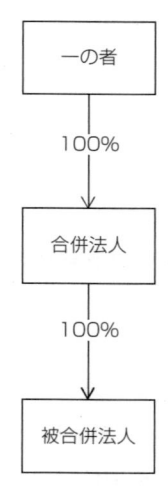

```
┌─────────┐
│  一の者  │
└────┬────┘
     │ 100%
     ▼
┌─────────┐
│ 合併法人 │
└────┬────┘
     │ 100%
     ▼
┌──────────┐
│被合併法人│
└──────────┘
```

(2) 一の者が被合併法人及び合併法人の発行済株式等の全部を保有する関係（法令4の3②二ロ）

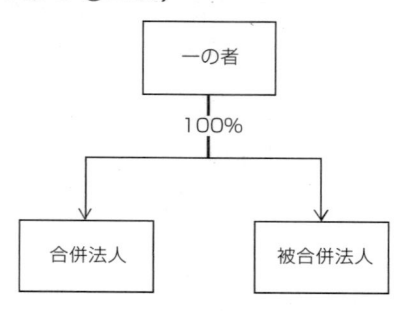

```
       ┌─────────┐
       │  一の者  │
       └────┬────┘
            │ 100%
      ┌─────┴─────┐
      ▼           ▼
┌─────────┐  ┌──────────┐
│ 合併法人 │  │被合併法人│
└─────────┘  └──────────┘
```

(3) 合併法人及び当該合併法人の発行済株式等の全部を保有する者が被合併法人の発行済株式等の全部を保有する関係（法令４の３②二ハ）

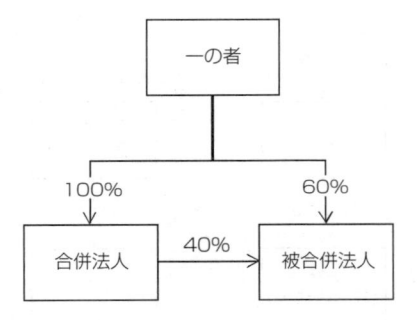

```
              ┌─────────┐
              │ 一の者  │
              └────┬────┘
            100%   │   60%
         ┌─────────┴─────────┐
         ▼                   ▼
   ┌─────────┐  40%   ┌─────────┐
   │ 合併法人 │──────▶│被合併法人│
   └─────────┘        └─────────┘
```

(4) 被合併法人及び当該被合併法人の発行済株式等の全部を保有する者が合併法人の発行済株式等の全部を保有する関係（法令４の３②二ニ）

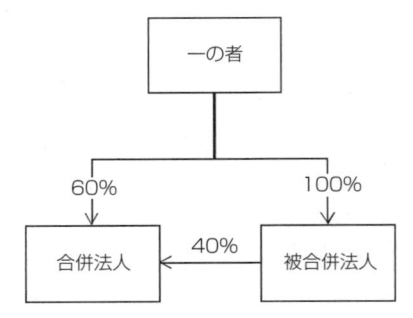

```
              ┌─────────┐
              │ 一の者  │
              └────┬────┘
            60%    │   100%
         ┌─────────┴─────────┐
         ▼                   ▼
   ┌─────────┐  40%   ┌─────────┐
   │ 合併法人 │◀──────│被合併法人│
   └─────────┘        └─────────┘
```

3. 非適格合併となるケース

　被合併法人と合併法人との間に、上記１及び２の関係がない場合の無対価合併は非適格合併となります。例えば、次のようなケースの無対価合併は非適格合併となるため留意が必要です。

第2編　合併

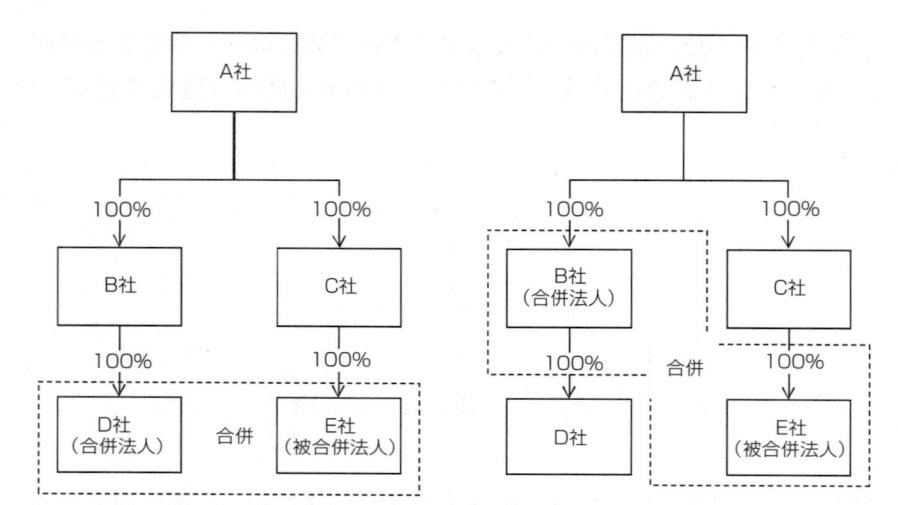

```
        A社                              A社
       /    \                           /    \
   100%    100%                     100%    100%
    B社     C社                      B社     C社
                                   (合併法人)
   100%    100%                     100%    100%
    D社     E社                      D社     E社
 (合併法人)(被合併法人)                        (被合併法人)
     └──合併──┘                      └────合併────┘
```

第2項　50％超100％未満グループ内の合併

Q2-16　50％超100％未満グループ内の合併の定義

50％超100％未満グループ内の合併の定義を教えてください。具体的に被合併法人と合併法人の間にどのような関係がある場合の合併をいうのでしょうか。

Answer

50％超100％未満グループ内（支配関係のある法人間）の合併とは、被合併法人と合併法人との間に次に掲げる支配関係がある場合の合併をいいます（法法２十二の八ロ、法令４の３③）。

(1) 当事者間の支配関係

被合併法人と合併法人（新設合併の場合には、被合併法人と他の被合併法人）との間にいずれか一方の法人による支配関係がある場合における被合併法人と合併法人の関係

(2) 同一の者による支配関係

合併前に被合併法人と合併法人との間に同一の者による支配関係があり、かつ、合併後に当該同一の者とその合併法人との間にその同一の者による支配関係が継続することが見込まれている場合における被合併法人と合併法人の関係

解　説

50％超100％未満グループ内（支配関係のある法人間）の合併とは、被合併法人と合併法人との間に次に掲げる支配関係がある場合の合併をいいます（法法２十二の八ロ、法令４の３③）。

1．当事者間の支配関係

被合併法人と合併法人（新設合併の場合には、被合併法人と他の被合併法人）との間にいずれか一方の法人による支配関係がある場合における被合併法人と

第2編　合併

合併法人の関係（同一の者による支配関係に該当するものは除きます）（法令4の3③一）

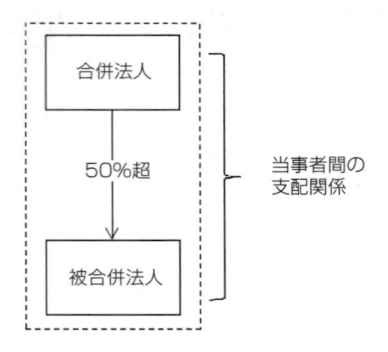

```
        ┌─────────┐  ┐
        │ 合併法人 │  │
        └────┬────┘  │
             │50%超   ├ 当事者間の
             ▼       │  支配関係
        ┌─────────┐  │
        │被合併法人│  │
        └─────────┘  ┘
```

2. 同一の者による支配関係

　合併前に被合併法人と合併法人との間に同一の者による支配関係があり、かつ、合併後にその同一の者とその合併法人との間にその同一の者による支配関係が継続することが見込まれている場合における被合併法人と合併法人の関係（法令4の3③二）

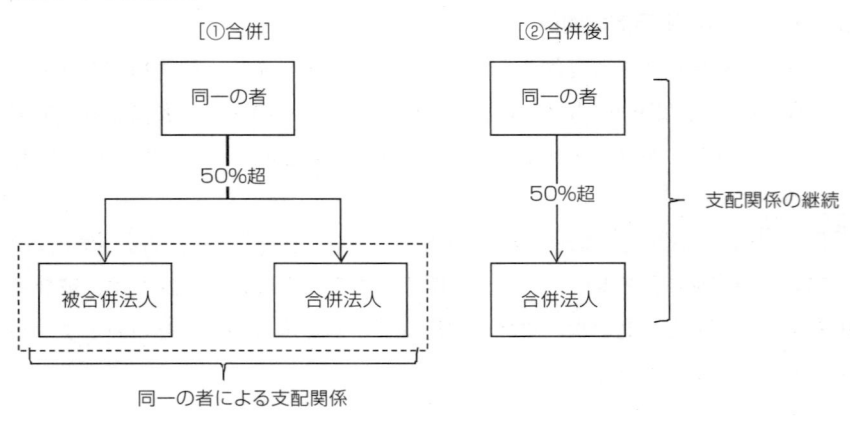

```
      [①合併]                    [②合併後]
   ┌─────────┐               ┌─────────┐   ┐
   │同一の者 │               │同一の者 │   │
   └────┬────┘               └────┬────┘   │
      50%超                      50%超      │
    ┌──┴──┐                       ▼        ├ 支配関係の継続
    ▼     ▼                  ┌─────────┐   │
┌──────┐┌──────┐              │ 合併法人 │   │
│被合併││合併法│              └─────────┘   ┘
│法人  ││人    │
└──────┘└──────┘
└──────┬──────┘
  同一の者による支配関係
```

Q2-17 3社合併の場合の50%超100%未満グループ内の合併の判定

3社合併の場合の50%超100%未満グループ内の合併の判定について、100%グループ内の合併の場合の判定方法と違いはあるのでしょうか。

Answer

グループ内判定と税制適格要件の判定方法（判定の単位）については、100%グループ内の合併の場合の判定方法と違いはありません。

解　説

3社合併の場合の50%超100%未満グループ内の合併の判定については、吸収合併にあっては個々の合併ごとに判定し、新設合併にあっては全体を一つの合併として判定することになります。

なお、税制適格要件の判定についても同様であり、吸収合併にあっては個々の合併ごとに判定し、新設合併にあっては全体を一つの合併として判定することになります。

(参考：平成21年1月27日　国税庁「三社合併における適格判定について（照会）」)

第2編　合併

Q2-18　従業者引継要件①（概要）

従業者引継要件の概要を教えてください。

Answer

従業者引継要件とは、合併に係る被合併法人の合併の直前の従業者のうち、その総数の概ね100分の80以上に相当する数の者が、合併後に合併法人の業務に従事することが見込まれていることをいいます。

解　説

50%超100%未満グループ内の合併の税制適格要件として従業者引継要件が設けられています。従業者引継要件とは、合併に係る被合併法人の合併の直前の従業者のうち、その総数の概ね100分の80以上に相当する数の者が、合併後に合併法人の業務に従事することが見込まれていることをいいます（法法2十二の八ロ（1））。

従業者引継要件は「見込まれていること」が要件であるため、合併後の事後的な事情（例：経営悪化による人員削減、従業者の自己都合による退職等）によって、結果として概ね100分の80以上という基準を満たさなかったとしても、合併時において当該基準を満たすことが見込まれていた限りにおいては、要件に抵触しないと解されています。災害などの外的要因が合併後に発生したことにより基準を満たさなくなった場合も要件に抵触しないと解釈されています。

また、当初の合併後に当初の合併に係る合併法人を被合併法人とする適格合併を行うことが見込まれている場合には、当初の合併に係る被合併法人のその当初の合併直前の従業者の総数の概ね80%以上に相当する者が、その当初の合併に係る合併法人の業務に従事し、その後の適格合併後にその適格合併に係る合併法人の業務に従事することが見込まれていれば従業者引継要件を満たすとされています（法法2十二の八ロ（2））。

第2章 税制適格要件

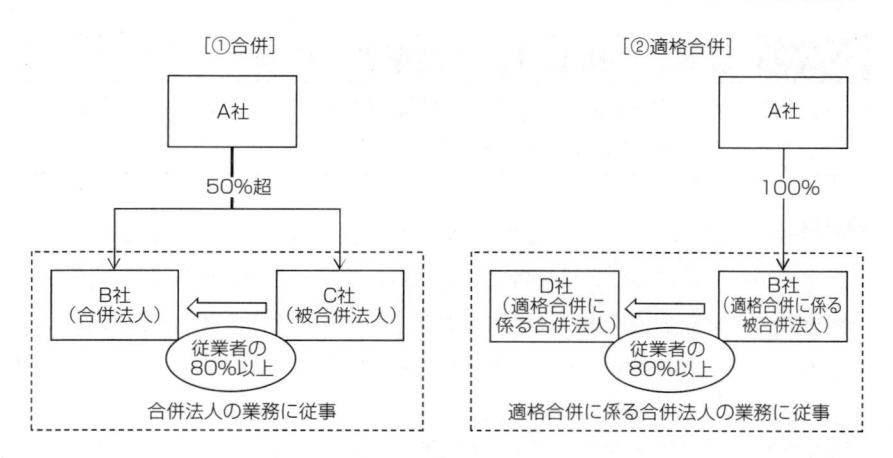

[①合併]

```
        A社
         │ 50%超
    ┌────┴────┐
    ▼         ▼
  B社  ←    C社
（合併法人）（被合併法人）
    従業者の
    80%以上
  合併法人の業務に従事
```

[②適格合併]

```
        A社
         │ 100%
         ▼
  D社  ←    B社
（適格合併に （適格合併に係る
 係る合併法人）被合併法人）
    従業者の
    80%以上
  適格合併に係る合併法人の業務に従事
```

Q2-19 従業者引継要件②（従業者の範囲）

従業者引継要件における従業者の範囲を教えてください。出向者やアルバイトも従業者に含まれるのでしょうか。

Answer

従業者引継要件における従業者とは、役員、使用人その他の者で被合併法人の合併直前に営む事業に現に従事する者をいいます。そのため、被合併法人が受け入れている出向者やアルバイト等も従業者に含まれます。

解説

従業者の範囲（法基通1-4-4）

従業者引継要件における従業者とは、雇用契約の有無を問わず役員、使用人その他の者で被合併法人の合併直前に営む事業に現に従事する者をいいます。そのため、出向者、アルバイト等であっても、継続して被合併法人の合併直前に営む事業に現に従事している限りは、従業者に該当します。

ただし、これらの業務に従事する者であっても、日々雇い入れられる者で従事した日ごとに給与等の支払いを受ける者（いわゆる日雇労働者）については、法人の任意で従業者の数に含めないことができます。

先に述べたように、出向により受け入れている者等であっても、被合併法人の合併直前に営む事業に現に従事する者であれば従業者に含まれますが、逆に自社の従業員であっても他社に出向している者は、被合併法人の合併直前に営む事業に現に従事する者とはならないため従業者に含まれません。

ただし、下請先の従業員については、その下請先が自己の工場内の特定のラインを継続的に請け負っている場合でも、その下請先の従業員は被合併法人の事業に従事しているわけではなく、下請先自身の事業に従事しているのにすぎないため従業者には含まれないこととされています。

Q2-20 従業者引継要件③（従業者が従事することが見込まれる業務）

従業者引継要件について、被合併法人の従業者が合併後に従事する合併法人の業務は、被合併法人から引き継いだ業務に限られるのでしょうか。また、被合併法人から引き継いだ従業者を合併後に他社に出向させた場合には合併法人の業務に従事しないことになるのでしょうか。

Answer

　従業者引継要件において、被合併法人の従業者が合併後に従事すべきとされているのは、合併法人の業務であり、被合併法人から引き継いだ業務に限りません。

　また、被合併法人から引き継いだ従業者を合併後に他社に出向させた場合には、その出向者は合併法人の業務に従事しないものとして取り扱われると考えます。

解　説

　従業者引継要件における従業者が従事することが見込まれる業務とは、合併法人の業務であり、合併により被合併法人から引き継いだ業務には限られていません（法基通1-4-9）

　また、合併後に被合併法人から引き継いだ従業者を他社に出向させた場合の取扱いですが、従業者引継要件でいう「合併法人の業務に従事すること」とは、雇用契約を引き継ぐことを意味するのではなく、合併法人において業務を行うことと解されています。したがって、合併後に引き継いだ従業者を他社に出向させた場合には、その出向者は合併法人の業務に従事しないものとして取り扱われると考えます。

第2編　合併

Q2-21　事業継続要件①（概要）

事業継続要件の概要を教えてください。

Answer

事業継続要件とは、被合併法人の合併前に営む主要な事業が、合併後に合併法人において引き続き営まれることが見込まれていることをいいます。

解　説

50％超100％未満グループ内の合併の税制適格要件として事業継続要件が設けられています。事業継続要件とは、被合併法人の合併前に営む主要な事業が、合併後に合併法人において引き続き営まれることが見込まれていることをいいます（法法２十二の八ロ（2））。

被合併法人が複数の事業を営んでいる場合、主要な事業については合併後に合併法人において引き続き営まれることが見込まれている必要がありますが、主要でない事業については合併後に廃止したとしても事業継続要件には抵触しません。

ここで、主要な事業であるかどうかは、それぞれの事業に属する収入金額又は損益の状況、従業者の数、固定資産の状況等を総合的に勘案して判定することとされています（法基通1-4-5）。つまり、主要な事業かどうかは、一義的には収入金額の多寡で判定すべきものであるとも考えられますが、業種、業態によっては収入金額は少なくても多額な損益が生じる事業もあると考えられ、また、多数の従業者を抱える事業や装置産業のように大規模な製造設備を有する事業が主要な事業に該当する場合もあると考えられるため、これらの状況を総合的に勘案して主要な事業に該当するかどうかを判定することとされています。

また、事業継続要件は「見込まれていること」が要件であるため、合併後の事後的な事情によって、結果として主要な事業を継続することができなかった

第2章　税制適格要件

としても、合併時において事業継続が見込まれていた限りにおいては、要件に抵触しないと解されています。なお、災害などの外的要因が合併後に発生したことにより事業を休廃止する場合も要件に抵触しないと解釈されています。

また、当初の合併後に当初の合併に係る合併法人を被合併法人とする適格合併を行うことが見込まれている場合には、当初の合併に係る被合併法人のその当初の合併前の主要な事業が、その当初の合併後にその当初の合併に係る合併法人において引き続き営まれ、その後の適格合併後にその適格合併に係る合併法人において引き続き営まれることが見込まれているときも事業継続要件を満たすとされています（法法２十二の八ロ（2））。

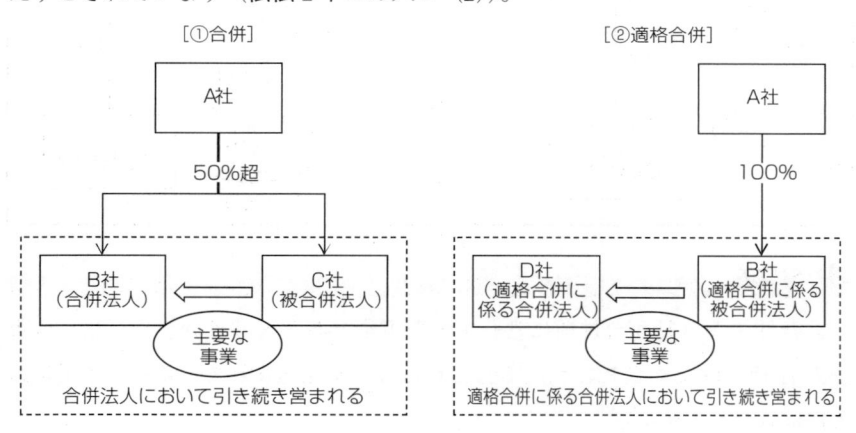

［①合併］

A社
↓ 50%超
B社（合併法人） ← C社（被合併法人）
主要な事業
合併法人において引き続き営まれる

［②適格合併］

A社
↓ 100%
D社（適格合併に係る合併法人） ← B社（適格合併に係る被合併法人）
主要な事業
適格合併に係る合併法人において引き続き営まれる

第2編　合併

Q2-22 事業継続要件②（合併後の分割）

A社はB社の発行済株式数の51％を保有しています。A社を合併法人、B社を被合併法人とする合併を行った後、B社の主要な事業であるX事業を新設分社型分割によりC社に移転することを予定しています。このような場合には事業継続要件を満たすのでしょうか。

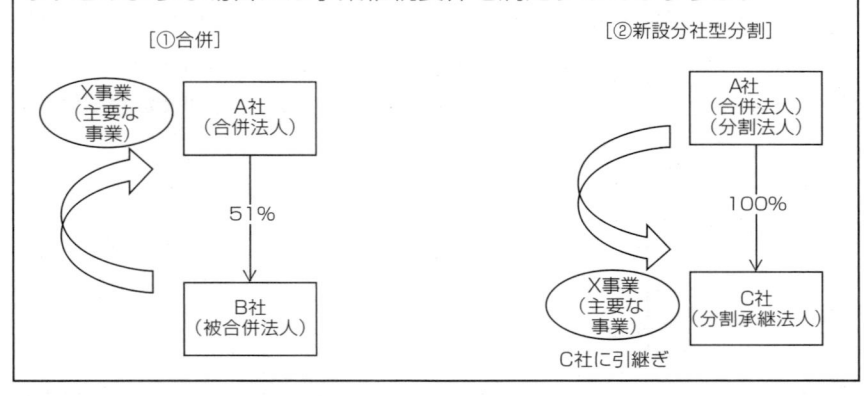

[①合併]

X事業（主要な事業） → A社（合併法人） →51%→ B社（被合併法人）

[②新設分社型分割]

A社（合併法人）（分割法人） →100%→ C社（分割承継法人）
X事業（主要な事業）C社に引継ぎ

Answer

被合併法人B社が合併前に営む主要な事業であるX事業が、合併後、合併法人A社ではなくC社において営まれることが見込まれているため事業継続要件は満たしません。

解　説

事業継続要件とは、被合併法人の合併前に営む主要な事業が、合併後に合併法人において引き続き営まれることが見込まれていることをいいます（法法2十二の八ロ（2））。

本件において事業継続要件を満たすためには、被合併法人B社が合併前に営む主要な事業であるX事業が、合併後に合併法人A社において引き続き営まれることが見込まれている必要があります。

X事業は合併後に分割によってC社に移転することが予定されていることか

ら、合併法人Ａ社において引き続き営まれることが見込まれておりません。したがって、事業継続要件は満たさないことになります。

第 2 編　合併

Q2-23 事業継続要件③（SPC が被合併法人となる場合）

A 社は B 社の発行済株式数の 90% を保有しています。B 社を被合併法人、A 社を合併法人とする合併をすることを検討しています。B 社は SPC（いわゆるペーパーカンパニー）であり、不動産を保有しているのみで従業員はおりませんので事業が存在しないと考えられます。このような場合には事業継続要件を満たすのでしょうか。

Answer

被合併法人 B 社は SPC であり、そもそも事業が存在しないことから事業継続要件は満たすことができないと考えます。

解　説

事業継続要件とは、被合併法人の合併前に営む主要な事業が、合併後に合併法人において引き続き営まれることが見込まれていることをいいます（法法 2 十二の八ロ (2)）。

本件において事業継続要件を満たすためには、被合併法人 B 社が合併前に営む主要な事業が、合併後に合併法人 A 社において引き続き営まれることが見込まれている必要があります。

被合併法人 B 社は SPC であり、不動産の保有を行っているのみで従業員もいないことから事業が存在しないと考えられます。したがって、合併法人 A 社において被合併法人 B 社から引き継ぐ事業がないことから、事業継続要件は満たすことができないと考えます。

Q2-24 合併後の株式譲渡が見込まれる場合（グループ外譲渡）

A社はB社とC社の発行済株式の100％を保有しています。B社を合併法人、C社を被合併法人とする合併を行い、合併後にA社はB社の発行済株式の30％を資本関係のない第三者に譲渡する予定です。合併後のグループ外への株式譲渡が予定されていることから、100％グループ内の合併には該当しませんが、A社は株式譲渡後もB社株式の70％を保有するため支配関係は維持されます。この場合、50％超100％未満グループ内の合併に該当するのでしょうか。

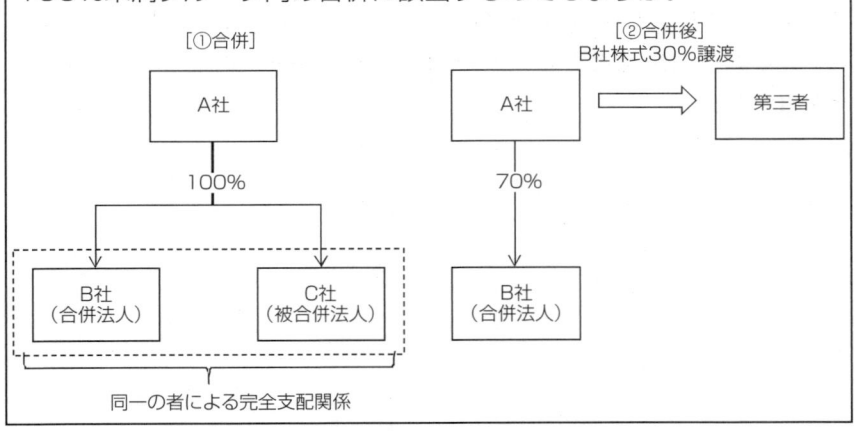

[①合併]

```
        A社
     ／100％＼
   B社         C社
 （合併法人） （被合併法人）
 └─── 同一の者による完全支配関係 ───┘
```

[②合併後]
B社株式30％譲渡

```
   A社  ⇒  第三者
   │70％
   B社
 （合併法人）
```

Answer

合併前に被合併法人C社と合併法人B社との間にA社による支配関係があり、かつ、合併後にA社と合併法人B社との間にA社による支配関係の継続が見込まれている場合には、50％超100％未満グループ内の合併に該当します。

解 説

本件では、合併前に被合併法人C社と合併法人B社との間に同一の者（A社）による支配関係があります。ここで、同一の者による支配関係がある法人

― 79 ―

第2編 合併

間の合併においては、合併後に当該同一の者と当該合併法人との間に当該同一の者による支配関係が継続することが見込まれていることが50%超100%未満グループ内の合併の要件となります（法法2十二の八ロ、法令4の3③）。

したがって、B社とC社の合併が50%超100%未満グループ内の合併となるには、A社が合併後においても、合併法人B社の株式の50%超を直接又は間接に継続して保有すること（支配関係が継続すること）が見込まれていることが必要です。

本件においては、A社は合併後に合併法人B社の株式の30%を資本関係のない第三者に譲渡することを予定していますが、譲渡後もA社とB社の支配関係は維持されますので、合併後にA社と合併法人B社の支配関係が見込まれている場合には、B社とC社の合併は、50%超100%未満グループ内の合併に該当します。

Q2-25 合併後に合併法人が適格合併により解散する場合

A社はB社とC社の発行済株式の51％を保有しています。B社を合併法人、C社を被合併法人とする合併を行うことを検討しています。なお、合併後に合併法人B社と資本関係のないD社との間で、B社を被合併法人、D社を合併法人とする適格合併を行う予定です。この場合、50％超100％未満グループ内の合併に該当するのでしょうか。

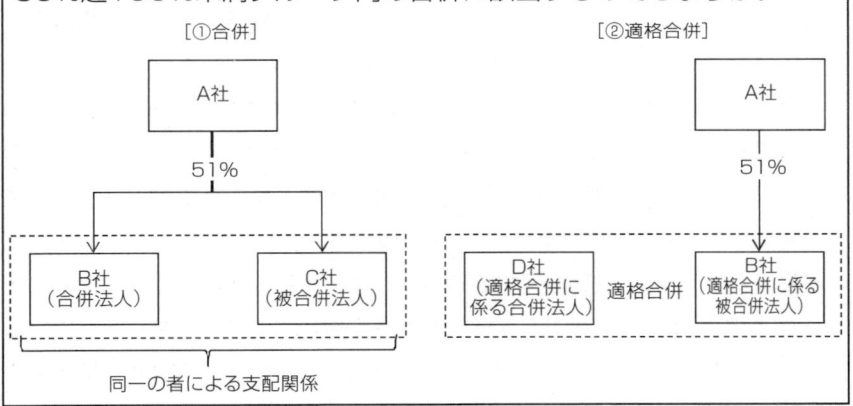

［①合併］

```
        A社
         │51%
    ┌────┴────┐
   B社        C社
 (合併法人) (被合併法人)
    └────┬────┘
   同一の者による支配関係
```

［②適格合併］

```
              A社
               │51%
  D社          B社
(適格合併に   (適格合併に係る
 係る合併法人) 被合併法人)
       ←適格合併→
```

Answer

合併後に合併法人が解散することが見込まれている場合には、支配関係の継続が見込まれていないことになるため、50％超100％未満グループ内の合併には該当しませんが、合併後に合併法人が適格合併により解散する場合には特例が認められています。

解説

本件では、合併前に被合併法人C社と合併法人B社との間に同一の者（A社）による支配関係があります。

ここで、同一の者による支配関係がある法人間の合併においては、合併後にその同一の者とその合併法人との間にその同一の者による支配関係が継続することが見込まれていることが50％超100％未満グループ内の合併の要件となり

第2編 合併

ますので、合併後に合併法人が解散することが予定されている場合には、支配関係の継続が見込まれていないことになるため、50%超100%未満グループ内の合併には該当しないことになります。

ただし、当初の合併後に当初の合併に係る合併法人を被合併法人とする適格合併を行うことが見込まれている場合には、当初の合併の時からその適格合併の直前の時までその同一の者とその合併法人との間に、その同一の者による支配関係が継続することが見込まれていれば50%超100%未満グループ内の合併として認めることとされています（法法2十二の八ロ、法令4の3③）。

したがって、B社とC社の合併が50%超100%未満グループ内の合併となるには、当初の合併の時からB社とD社の適格合併の直前の時まで、A社が合併法人B社の株式の50%超を直接又は間接に継続して保有すること（支配関係が継続すること）が見込まれていることが必要です。

本件においては、当初の合併の時からB社とD社の適格合併の直前の時までA社とB社との間にA社による支配関係が継続することが見込まれている場合には、B社とC社の合併は50%超100%未満グループ内の合併に該当することになります。

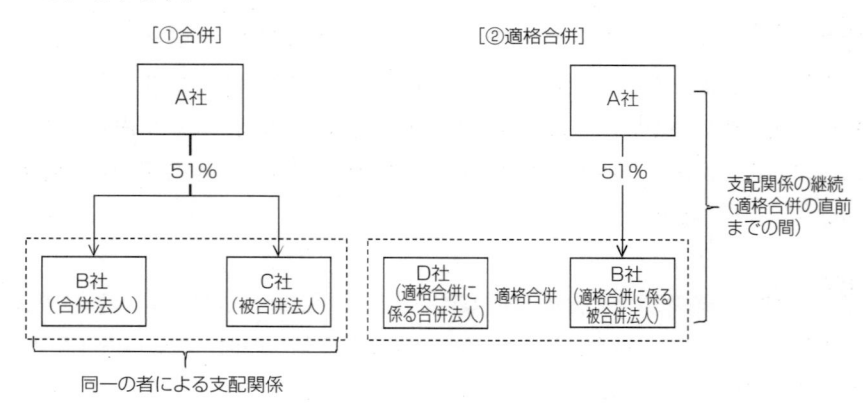

[①合併]

A社
↓ 51%
B社（合併法人）　C社（被合併法人）
同一の者による支配関係

[②適格合併]

A社
↓ 51%
D社（適格合併に係る合併法人）　適格合併　B社（適格合併に係る被合併法人）

支配関係の継続
（適格合併の直前までの間）

第2章 税制適格要件

Q2-26 合併後に株主が適格合併により解散する場合

A社はB社とC社の発行済株式の51%を保有しています。B社を合併法人、C社を被合併法人とする合併を行うことを検討しています。なお、合併後にA社と資本関係のないD社との間で、A社を被合併法人、D社を合併法人とする適格合併を行う予定です。この場合、50%超100%未満グループ内の合併に該当するのでしょうか。

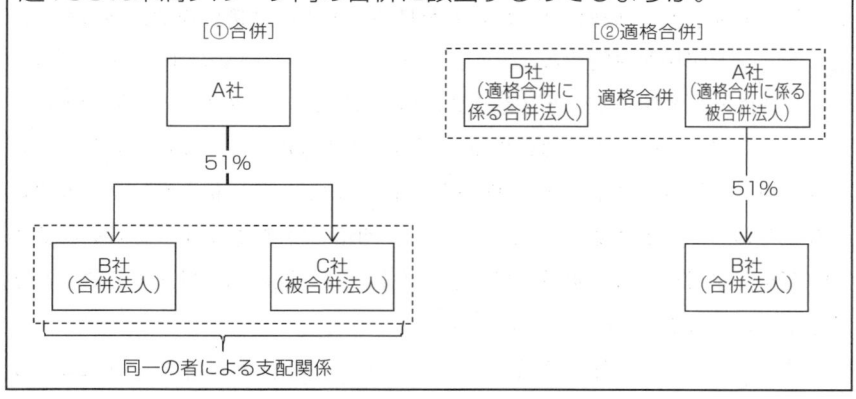

[①合併]

A社
｜51%
B社（合併法人）　C社（被合併法人）
同一の者による支配関係

[②適格合併]

D社（適格合併に係る合併法人）　適格合併　A社（適格合併に係る被合併法人）
51%
B社（合併法人）

Answer

合併後に株主（同一の者）が解散することが見込まれている場合には、支配関係の継続が見込まれていないことになるため、50%超100%未満グループ内の合併には該当しませんが、合併後に株主（同一の者）が適格合併により解散する場合には特例が認められています。

解説

本件では、合併前に被合併法人C社と合併法人B社との間に同一の者（A社）による支配関係があります。

ここで、同一の者による支配関係がある法人間の合併においては、合併後にその同一の者とその合併法人との間にその同一の者による支配関係が継続することが見込まれていることが50%超100%未満グループ内の合併の要件となり

- 83 -

第2編　合併

ますので、合併後に同一の者が解散することが予定されている場合には、支配関係の継続が見込まれていないことになるため、50％超100％未満グループ内の合併には該当しないことになります。

　ただし、当初の合併後にその同一の者を被合併法人とする適格合併を行うことが見込まれている場合には、当初の合併後にその同一の者と当初の合併に係る合併法人との間に同一の者による支配関係があり、適格合併後にその適格合併に係る合併法人と当初の合併に係る合併法人との間に適格合併に係る合併法人による支配関係が継続することが見込まれていれば50％超100％未満グループ内の合併として認めることとされています（法法2十二の八ロ、法令4の3③）。

　したがって、B社とC社の合併が50％超100％未満グループ内の合併となるには、当初の合併後にA社が合併法人B社の株式の50％超を直接又は間接に保有しており（支配関係が継続すること）、適格合併後にD社がB社の株式の50％超を直接又は間接に継続して保有すること（支配関係が継続すること）が見込まれていることが必要です。

　本件においては、B社とC社の合併後にA社とB社との間にA社による支配関係があり、かつ、A社とD社の適格合併後にD社とB社との間にD社に支配関係が継続することが見込まれる場合には、B社とC社の合併は50％超100％未満グループ内の合併に該当します。

第2章 税制適格要件

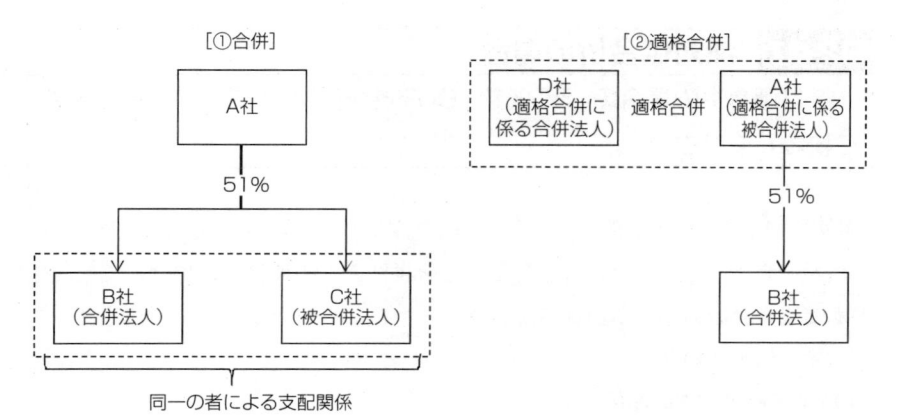

[①合併]

```
        A社
         │51%
    ┌────┴────┐
   B社        C社
 (合併法人) (被合併法人)
```
同一の者による支配関係

[②適格合併]

```
D社                    A社
(適格合併に   適格合併   (適格合併に係る
係る合併法人)           被合併法人)
                         │51%
                        B社
                      (合併法人)
```

[③適格合併後]

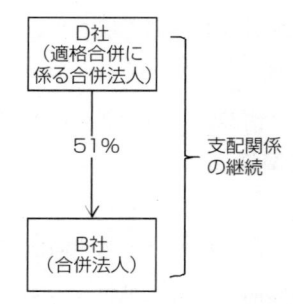

```
   D社
(適格合併に
係る合併法人)
    │51%     ┐
    ↓        │ 支配関係
   B社        │ の継続
(合併法人)   ┘
```

- 85 -

第2編　合併

Q2-27 無対価合併の場合

無対価合併の場合の、50%超100%未満グループ内の合併の要件を教えてください。

Answer

　無対価合併の場合には、被合併法人と合併法人との間に次に掲げる支配関係がある場合に限り50%超100%未満グループ内の合併となります（法法２十二の八イ、法令４の３②）。

（1）当事者間の支配関係

　被合併法人と合併法人（新設合併の場合には、被合併法人と他の被合併法人）との間に次に掲げる関係がある場合における被合併法人と合併法人の関係

(1) 合併法人及びその合併法人の発行済株式等の全部を保有する者が被合併法人の発行済株式等の全部を保有する関係
(2) 被合併法人及びその被合併法人の発行済株式等の全部を保有する者が合併法人の発行済株式等の全部を保有する関係

（2）同一の者による支配関係

　合併前に被合併法人と合併法人との間に同一の者による支配関係のうち以下に掲げる関係があり、かつ、合併後に当該同一の者と当該合併法人との間に当該同一の者による支配関係が継続することが見込まれている場合における被合併法人と合併法人の関係

(1) 合併法人が被合併法人の発行済株式等の全部を保有する関係
(2) 一の者が被合併法人及び合併法人の発行済株式等の全部を保有する関係
(3) 合併法人及びその合併法人の発行済株式等の全部を保有する者が被合併法人の発行済株式等の全部を保有する関係
(4) 被合併法人及びその被合併法人の発行済株式等の全部を保有する者が合併法人の発行済株式等の全部を保有する関係

第 2 章 税制適格要件

解　説

　合併に際して被合併法人の株主等に合併法人の株式その他の資産が交付されないもの（いわゆる無対価合併）については、被合併法人と合併法人との間に次の関係がある場合に限り、50％超100％未満グループ内の合併とされます。

1. 当事者間の支配関係

　被合併法人と合併法人（新設合併の場合には、被合併法人と他の被合併法人）との間に次に掲げる関係がある場合における被合併法人と合併法人の関係

(1) 合併法人及びその合併法人の発行済株式等の全部を保有する者が被合併法人の発行済株式等の全部を保有する関係

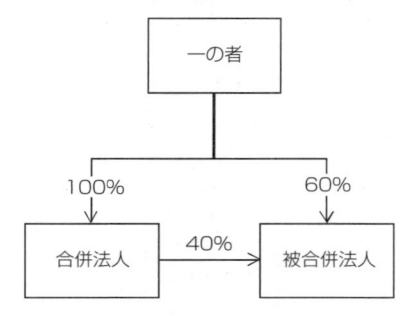

```
            ┌─────┐
            │ 一の者 │
            └──┬──┘
         ┌─────┴─────┐
      100%              60%
         │                │
    ┌────▼───┐  40%  ┌───▼────┐
    │ 合併法人 │──────▶│被合併法人│
    └────────┘        └────────┘
```

(2) 被合併法人及びその被合併法人の発行済株式等の全部を保有する者が合併法人の発行済株式等の全部を保有する関係

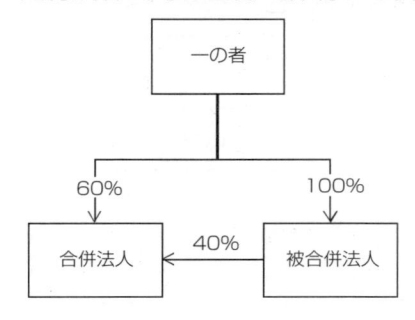

```
            ┌─────┐
            │ 一の者 │
            └──┬──┘
         ┌─────┴─────┐
       60%             100%
         │                │
    ┌────▼───┐  40%  ┌───▼────┐
    │ 合併法人 │◀──────│被合併法人│
    └────────┘        └────────┘
```

第2編　合併

2. 同一の者による支配関係

　合併前に被合併法人と合併法人との間に同一の者による支配関係のうち以下に掲げる関係があり、かつ、合併後に当該同一の者と当該合併法人との間に当該同一の者による支配関係が継続することが見込まれている場合における被合併法人と合併法人の関係

(1) 合併法人が被合併法人の発行済株式等の全部を保有する関係（法令4の3②二イ）

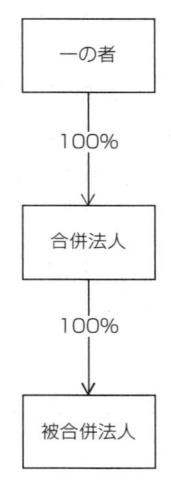

```
┌─────────┐
│  一の者  │
└────┬────┘
    │ 100%
    ▼
┌─────────┐
│ 合併法人 │
└────┬────┘
    │ 100%
    ▼
┌──────────┐
│被合併法人│
└──────────┘
```

(2) 一の者が被合併法人及び合併法人の発行済株式等の全部を保有する関係（法令4の3②二ロ）

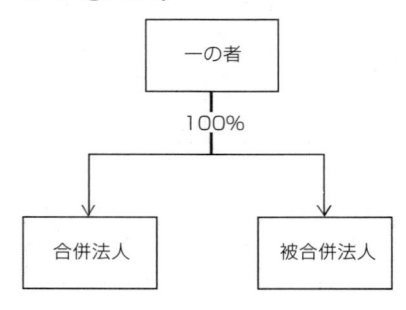

```
       ┌─────────┐
       │  一の者  │
       └────┬────┘
         100%
       ┌──┴──┐
       ▼     ▼
  ┌────────┐ ┌──────────┐
  │合併法人│ │被合併法人│
  └────────┘ └──────────┘
```

(3) 合併法人及び当該合併法人の発行済株式等の全部を保有する者が被合併法人の発行済株式等の全部を保有する関係（法令４の３②二ハ）

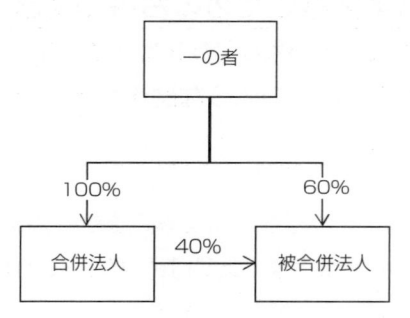

```
           ┌─────────┐
           │  一の者  │
           └────┬────┘
          100% │ 60%
           ┌───┴───┐
           ↓       ↓
    ┌─────────┐ 40% ┌──────────┐
    │ 合併法人 │────→│ 被合併法人│
    └─────────┘      └──────────┘
```

(4) 被合併法人及び当該被合併法人の発行済株式等の全部を保有する者が合併法人の発行済株式等の全部を保有する関係（法令４の３②二ニ）

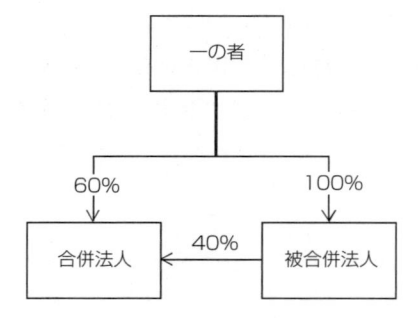

```
           ┌─────────┐
           │  一の者  │
           └────┬────┘
           60% │ 100%
           ┌───┴───┐
           ↓       ↓
    ┌─────────┐ 40% ┌──────────┐
    │ 合併法人 │←────│ 被合併法人│
    └─────────┘      └──────────┘
```

第2編　合併

第❹節　共同事業を営むための合併

Q2-28　共同事業を営むための合併の定義

共同事業を営むための合併の定義を教えてください。具体的に被合併法人と合併法人の間にどのような関係がある場合の合併をいうのでしょうか。

Answer

共同事業を営むための合併とは、支配関係のない被合併法人と合併法人とが共同で事業を行うためにする合併をいいます。

解　説

共同事業を営むための合併とは、支配関係のない被合併法人と合併法人とが共同で事業を行うためにする合併をいいます。

被合併法人と合併法人との間で支配関係を有しない場合、つまり、企業グループ内の合併に該当しない場合には、その合併は共同事業を営むための合併に該当することになります。

Q2-29 ３社合併の場合の共同事業を営むための合併の判定

３社合併の場合の共同事業を営むための合併の判定について、100%グループ内の合併の場合の判定方法と違いはあるのでしょうか。

Answer

グループ内判定と税制適格要件の判定方法（判定の単位）については、100%グループ内の合併の場合の判定方法と違いはありません。

解　説

３社合併の場合の共同事業を営むための合併の判定については、吸収合併にあっては個々の合併ごとに判定し、新設合併にあっては全体を一つの合併として判定することになります。

なお、税制適格要件の判定についても同様であり、吸収合併にあっては個々の合併ごとに判定し、新設合併にあっては全体を一つの合併として判定することになります。

(参考：平成21年1月27日　国税庁「三社合併における適格判定について（照会）」)

第2編 合併

Q2-30 事業関連性要件①(概要)

事業関連性要件の概要を教えてください。

Answer

事業関連性要件とは、被合併法人の被合併事業と、合併法人の合併事業とが相互に関連するものであることをいいます。

解説

事業関連性要件とは、被合併法人の被合併事業と、合併法人の合併事業(新設合併の場合には他の被合併法人の被合併事業)とが相互に関連するものであることをいいます。被合併事業とは、被合併法人の合併前に営む主要な事業のうちいずれかの事業をいい、合併事業とは合併法人の合併前に営む事業のうちいずれかの事業をいいます(法令4の3④一)。

被合併事業	合併事業	事業関連性要件
主要な事業	主要な事業	○
主要な事業	主要でない事業	○
主要でない事業	主要な事業	×
主要でない事業	主要でない事業	×

1. 主要な事業の意義

ここで、主要な事業であるかどうかは、それぞれの事業に属する収入金額又は損益の状況、従業者の数、固定資産の状況等を総合的に勘案して判定することとされています(法基通1-4-5)。つまり、主要な事業かどうかは、一義的には収入金額の多寡で判定すべきものであるとも考えられますが、業種、業態によっては収入金額は少なくても多額な損益が生じる事業もあると考えられ、また、多数の従業者を抱える事業や装置産業のように大規模な製造設備を有する事業が主要な事業に該当する場合もあると考えられるため、これらの状況を総合的に勘案して主要な事業に該当するかどうかを判定することとされていま

す。

2. 事業の有無の判定

　事業関連性の判定の前提として被合併法人と合併法人に事業が存在することが必要となります。この事業の有無については、次に掲げる要件の全てに該当するかで判定されます（法規3①一）。

(1) 事務所、店舗、工場その他の固定施設（その本店又は主たる事務所の所在地がある国又は地域にあるこれらの施設に限る）を所有し、又は賃借していること。
(2) 従業者が存在すること。ただし、役員にあっては、その法人の業務に専ら従事するものに限る。
(3) 自己の名義をもって、かつ、自己の計算において次に掲げるいずれかの行為をしていること。
①　商品販売等（商品の販売、資産の貸付け又は役務の提供で、継続して対価を得て行われるものをいい、その商品の開発若しくは生産又は役務の開発を含む）
②　広告又は宣伝による商品販売等に関する契約の申込み又は締結の勧誘
③　商品販売等を行うために必要となる資料を得るための市場調査
④　商品販売等を行うにあたり法令上必要となる行政機関の許認可等（行政手続法第2条第3号に規定する許認可をいう）についての同号に規定する申請又はその許認可等に係る権利の保有
⑤　知的財産権（特許権、実用新案権、育成者権、意匠権、著作権、商標権その他の知的財産に関して法令により定められた権利又は法律上保護される利益に係る権利をいう）の取得をするための出願若しくは登録（移転の登録を除く）の請求若しくは申請（これらに準ずる手続きを含む）、知的財産権（実施権及び使用権を含むものとし、商品販売等を行うために必要となるものに限る。以下「知的財産権等」という）の移転の登録（実施権及び使用権にあっ

ては、これらの登録を含む）の請求若しくは申請（これらに準ずる手続きを含む）又は知的財産権若しくは知的財産権等の所有
⑥ 商品販売等を行うために必要となる資産（固定資産を除く）の所有又は賃借
⑦ ①から⑥までに掲げる行為に類するもの

3. 関連性の有無の判定

被合併事業と合併事業との間に合併の直前において次に掲げるいずれかの関係がある場合には、被合併事業と合併事業は相互に関連性を有するとされます（法規3①二）。

(1) 被合併事業と合併事業とが同種のものである場合における、その被合併事業と合併事業との関係
(2) 被合併事業に係る商品、資産若しくは役務又は経営資源と合併事業に係る商品、資産若しくは役務又は経営資源とが同一のもの又は類似するものである場合におけるその被合併事業と合併事業との間の関係

　　上記の商品、資産若しくは役務は継続して対価を得るためのものとして、それぞれ販売され、貸し付けられ、又は提供されるものに限る。また、経営資源とは、事業の用に供される設備、事業に関する知的財産権等、生産技術又は従業者の有する技能若しくは知識、事業に係る商品の生産若しくは販売の方式又は役務の提供の方式その他これらに準ずるものをいう。
(3) 被合併事業と合併事業とが合併後にその被合併事業に係る商品、資産若しくは役務又は経営資源とその合併事業に係る商品、資産若しくは役務又は経営資源とを活用して営まれることが見込まれている場合におけるその被合併事業と合併事業との間の関係

また、合併に係る被合併法人の被合併事業とその合併に係る合併法人の合併事業とが、その合併後にその被合併事業に係る商品、資産若しくは役務又は経

営資源とその合併事業に係る商品、資産若しくは役務又は経営資源とを活用して一体として営まれている場合には、その被合併事業と合併事業とは、(1) から (3) の要件に該当するものと推定することとされています（法規3②）。

第2編　合併

Q2-31　事業関連性要件②
（製造卸売業と製品販売業の事業関連性の判定）

A社は、主として事務用品の製造卸売業を営む法人ですが、このたび、主として当社の製品を中心に販売している資本関係のないB社を吸収合併し、流通過程の合理化を目指すことを検討しています。このような資本関係のない法人間で行う合併については、共同事業要件を満たせば適格合併に該当することになりますが、この共同事業要件のうち事業が「相互に関連するものであること」という要件についてはどのように考えればよいのでしょうか。

Answer

A社の製造卸売業とB社の事務用品の販売業は、それぞれの事業が一体となってユーザーに直結した流通網の構築を目指して合理化を図るものとなっていることから、事業関連性があるものと考えられます。

解　説

合併において被合併法人と合併法人との間に50％超の保有関係がない場合に共同事業要件に該当すれば適格合併に該当することとなりますが、この共同事業要件のうちの一つとして、被合併法人の被合併事業と合併法人の合併事業とが相互に関連するものであることという事業関連性要件（法令4の3④一、法規3）が規定されています。

この事業関連性要件における被合併法人の被合併事業とは、被合併法人が合併前に営む主要な事業のうちのいずれかの事業をいう（法令4の3④一）こととされ、また、合併法人の合併事業とは、合併法人が合併前に営む事業のうちのいずれかの事業をいう（法令4の3④一）こととされています。

したがって、被合併事業については、合併前に営む主要な事業であることが要求されていますが、合併事業については、合併前に営む事業のうちのいずれ

かの事業とされていますので主要な事業であることは要求されていません。また、被合併事業について、合併前に営む主要な事業のうちのいずれかの事業とされていますので、主要な事業が複数存在することが想定されています。

ただし、新設合併の場合には、合併法人は合併前に存在せず、その合併によって設立されますので、被合併法人同士の被合併事業について相互に関連するものであることが求められており、それぞれの被合併法人の主要な事業のうちのいずれかの事業が関連性を有していなくてはならないこととなります。

この事業が「相互に関連するものであること」というのは、例えば、「〇×小売業と〇×小売業というように同種の事業を営んでいるもの」、「製薬業における製造と販売のように、その業態が異なっても薬という同一の製品の製造と販売を行うなど、それぞれの事業が関連するもの」、「それぞれの事業が合併後において、合併法人において一体として営まれている現状にあるもの」などがこれに該当すると考えられます。

本件の場合は、事務用品の製造卸売業を営む合併法人と事務用品の販売業を営む被合併法人が合併することによって、それぞれの事業が一体となってユーザーに直結した流通網の構築を目指して合理化を図るもの（何らかの相乗効果が生ずるようなもの）となっていることから、事業関連性があるものと考えられます。

(国税庁　質疑応答事例「事業関連性要件における相互に関連するものについて」)

第2編　合併

Q2-32 事業規模要件

事業規模要件の内容を教えてください。

Answer

　事業規模要件とは、被合併法人の被合併事業と合併法人の合併事業のそれぞれの売上金額、従業者の数、被合併法人と合併法人の資本金の額若しくは出資金の額若しくはこれらに準ずるものの規模の割合が概ね5倍を超えないことをいいます。

　なお、共同事業を営むための合併の税制適格要件においては、事業規模要件と経営参画要件のいずれか一方を満たすことが要件とされています。

解　説

　事業規模要件とは、被合併法人の被合併事業と合併法人の合併事業のそれぞれの売上金額、従業者の数、被合併法人と合併法人（当該合併が新設合併の場合には、その被合併法人と他の被合併法人）の資本金の額若しくは出資金の額若しくはこれらに準ずるものの規模の割合が概ね5倍を超えないことをいいます（法令4の3④二）。

　この場合の合併法人の合併事業は、被合併法人の被合併事業と関連する事業に限られます。つまり、事業規模要件の判定は、事業関連性要件において相互に関連性を有するものとされた被合併事業と合併事業とを比較することになります。

　事業規模要件は、売上金額、従業者の数、資本金の額若しくはこれらに準ずるものの規模を指標として、事業規模の割合が概ね5倍を超えないかどうかを判定しますが、これらの指標の全てが概ね5倍を超えないことは求められておらず、いずれか一つの指標が概ね5倍を超えなければ事業規模要件は満たすことになります（法基通1-4-6）。

第 2 章　税制適格要件

売上金額

　事業規模を売上金額で比較する場合の比較する期間については、法令上は明らかにされていませんが、合併の直近の事業年度の売上金額で比較すればよいと考えられます（比較対象とする期間の長さは同一とすることになります）。

従業者の数

　事業規模を従業者の数で比較する場合の、従業者の範囲は、従業者引継要件における従業者の範囲と同様です。

従業者の範囲（法基通 1-4-4）

　従業者引継要件における従業者とは、雇用契約の有無を問わず役員、使用人その他の者で被合併法人の合併直前に営む事業に現に従事する者をいいます。

　そのため、出向者、アルバイト等であっても、継続して被合併法人の合併直前に営む事業に現に従事している限りは、従業者に該当します。

　ただし、これらの業務に従事する者であっても、日々雇い入れられる者で従事した日ごとに給与等の支払いを受ける者（いわゆる日雇労働者）については、法人の任意で従業者の数に含めないことができます。

　先に述べたように、出向により受け入れている者等であっても、被合併法人の合併直前に営む事業に現に従事する者であれば従業者に含まれますが、逆に自社の従業員であっても他社に出向している者は、被合併法人の合併直前に営む事業に現に従事する者とはならないため従業者に含まれません。

　ただし、下請先の従業員については、その下請先が自己の工場内の特定のラインを継続的に請け負っている場合でも、その下請先の従業員は被合併法人の事業に従事しているわけではなく、下請先自身の事業に従事しているのにすぎないため従業者には含まれないこととされています。

資本金の額若しくは出資金の額

　事業規模を資本金の額若しくは出資金の額で比較する場合には、税務上の資本金等の額ではなく、会社法上の資本金の額若しくは出資金の額をもって比較します。なお、資本金の額若しくは出資金の額の比較は合併直前の資本金の額若しくは出資金の額をもって比較すると考えられます。

これらに準ずるもの

　これらに準ずるものとは、内容が特定されているものではありませんが、例えば、金融機関においては預金量等が該当することになり、タクシー事業においては、車の台数がこれに該当すると考えられます（法基通1-4-6）。つまり、その事業の規模を客観的・外形的に表すものと認められる指標であれば、「これらに準ずるもの」として取り扱うことができると考えます。

Q2-33 経営参画要件

経営参画要件の内容を教えてください。

Answer

経営参画要件とは、被合併法人の特定役員のいずれかと合併法人の特定役員のいずれかとが合併後に合併法人の特定役員になることが見込まれていることをいいます。

なお、共同事業を営むための合併の税制適格要件においては、事業規模要件と経営参画要件のいずれか一方を満たすことが要件とされています。

解説

1. 概要

経営参画要件とは、被合併法人の特定役員のいずれかと合併法人(その合併が新設合併の場合には、他の被合併法人)の特定役員のいずれかとが合併後に合併法人の特定役員になることが見込まれていることをいいます(法令4の3④二)。

なお、経営参画要件においては、被合併法人の特定役員と合併法人の特定役員の全員が、合併後に合併法人の特定役員になることまでは必要でなく、被合併法人の特定役員と合併法人の特定役員とがそれぞれ一名以上、合併後に合併法人の特定役員になることが見込まれていればよいことになります。

2. 特定役員の範囲

特定役員とは、社長、副社長、代表取締役、代表執行役、専務取締役、常務取締役又はこれらに準ずる者で法人の経営に従事している者をいいます(法令4の3④二)。つまり、特定役員は基本的には常務取締役以上の役員と定義されますので、いわゆる平取締役、監査役は含まれないものとされます。

ここで、「これらに準ずる者」とは、役員又は役員以外の者で、社長、副社長、

第2編　合併

代表取締役、専務取締役又は常務取締役と同等に法人の経営の中枢に参画している者のことをいいます（法基通1-4-7）。

　いわゆるCEOやCOO（一般的には最高経営責任者、最高執行責任者と訳されます）と呼ばれる者が、会長や社長と同等に経営に従事していることがありますが、これらの者については、会社法上の役員とされていない場合であっても、経営に従事している限りにおいては、ここでいう「これらに準ずる者」として、特定役員に該当することになります。

第 2 章　税制適格要件

Q2-34　株式継続保有要件①（概要）

株式継続保有要件の概要を教えてください。

Answer

　株式継続保有要件とは、合併直前の被合併法人の株主で、合併により交付を受ける合併法人の株式又は合併親法人株式のいずれか一方の株式の全部を継続して保有することが見込まれる者並びに合併法人（新設合併の場合には他の被合併法人）が有する被合併法人の株式数の合計が、その被合併法人の発行済株式等の総数の 80％以上であることをいいます。

　なお、その合併に係る被合併法人の株主が 50 人以上である場合又は合併に係る被合併法人の全て若しくは合併法人が資本若しくは出資を有しない法人である場合には、株式継続保有要件は課されません。

解　説

　株式継続保有要件とは、合併直前の被合併法人の株主で、合併により交付を受ける合併法人の株式又は合併親法人株式のいずれか一方の株式（議決権のない株式を除きます）の全部を継続して保有することが見込まれる者並びに合併法人（新設合併の場合には他の被合併法人）が有する被合併法人の株式（議決権のない株式を除きます）の合計が、その被合併法人の発行済株式等（議決権のない株式を除きます）の 80％以上であることをいいます（法令 4 の 3 ④五）。具体的な算式は次のようになります。

$$\frac{\text{被合併法人の株主で合併により交付を受ける合併法人株式又は合併親法人株式のいずれか一方の株式の全部を保有することが見込まれる者並びに合併法人が有する被合併法人の株式数の合計}}{\text{被合併法人の発行済株式等の総数}} \geqq 80\%$$

　ここでの留意点としては、分子の株式数は、「被合併法人の株主が交付を受ける合併法人の議決権株式のうち継続して保有することが見込まれる議決権株

第2編 合併

式の数」ではなく、「被合併法人の株主が交付を受ける合併法人の議決権株式の全部を継続して保有することが見込まれる者が有する被合併法人の議決権株式の数」であることです。つまり、被合併法人の株主が交付を受ける合併法人の議決権株式を1株でも譲渡することが見込まれているのであれば、その株主が有する被合併法人の議決権株式は全て上記算式の分子から除かれることになります。

また、株式継続保有要件は「継続して保有することが見込まれる者」が有する被合併法人の株式数により判定することになるため、合併後の事後的な事情によって、株式を譲渡することになり、結果として株式を継続して保有することにならなかったとしても、合併時において、継続して保有することが見込まれていた限りにおいては、要件に抵触しないと解されています。

なお、その合併に係る被合併法人の株主が50人以上である場合又は合併に係る被合併法人の全て若しくは合併法人が資本若しくは出資を有しない法人である場合には、株式継続保有要件を満たす必要はないとされています（法令4の3④）。

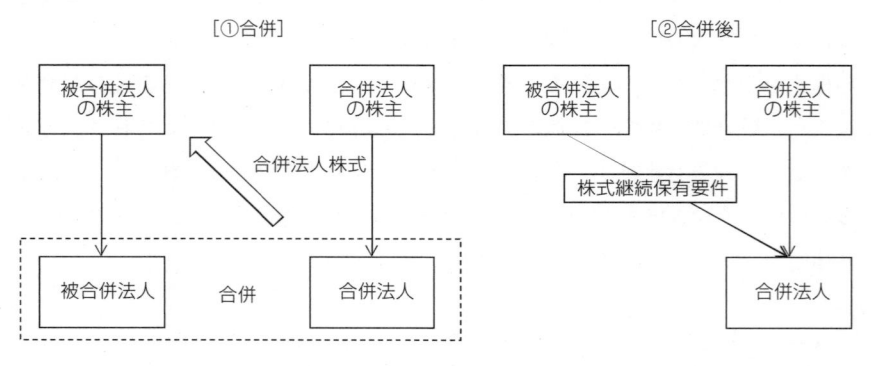

Q2-35 株式継続保有要件②（合併後の株式譲渡）

A社は資本関係のないB社との間で合併することを検討しています。被合併法人はB社となりますが、B社の株主名、各株主が保有するB社株式数、各株主に交付される合併法人A社の株式数は次のとおりです。なお、C社は、合併により交付されるA社株式のうち50株をE社に売却することを予定しています。この場合、株式継続保有要件は満たすのでしょうか。

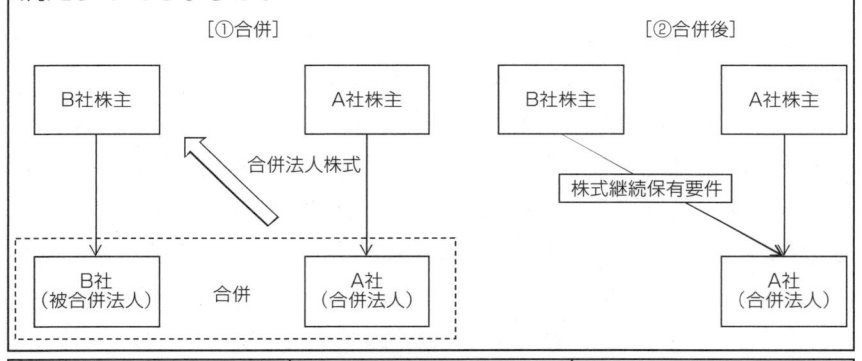

[①合併]

B社株主 → B社（被合併法人）
A社株主 → A社（合併法人）
合併法人株式
合併

[②合併後]

B社株主 → A社（合併法人）
A社株主 → A社（合併法人）
株式継続保有要件

株主名	保有するB社株式数	交付されるA社株式数（売却予定数）
C社	250株	125株（50株）
D社	200株	100株
E社	200株	100株
F社	200株	100株
G社	150株	75株
合計	1,000株	500株（50株）

Answer

被合併法人の株主で、合併により交付されるA社株式の全部を保有することが見込まれる者は、D社、E社、F社及びG社の4社となります。4社の有するB社株式の合計は750株であることから、B社の発行済株式等の80％未満（75％＝750株/1,000株）となるため、株式継続保有要件は満たしません。

第2編　合併

解説

　合併直前の被合併法人の株主で、合併により交付を受ける合併法人の株式の全部を継続して保有することが見込まれる者が有する被合併法人の株式の合計数が、その被合併法人の発行済株式等の総数の80％以上である場合に株式継続保有要件を満たします（法令4の3④五）。

　本件において、株式継続保有要件を満たすためには、B社の株主であるC社、D社、E社、F社、G社のうち、合併により交付を受けるA社株式の全部を継続して保有することが見込まれる者が有するB社株式の合計数が、B社の発行済株式数の80％以上であることが必要となります。

　C社は、合併により交付を受けたA社株式のうち50株を、合併後、E社に売却することが予定されているため、A社株式の全部を継続して保有することは見込まれていません。したがって、A社株式の全部を継続して保有することが見込まれているD社、E社、F社、G社の4社の有するB社株式の合計数が、B社の発行済株式数の80％以上であるかにより、株式継続保有要件の判定を行うことになります。4社の有するB社株式の合計数は750株であることから、B社の発行済株式数の75％となりますので株式継続保有要件は満たさないことになります。

Q2-36 株式継続保有要件③（合併法人が被合併法人株式を保有している場合）

　A社はB社との間で合併することを検討しています。被合併法人はB社となりますが、B社の株主名、各株主が保有するB社株式数、各株主に交付される合併法人A社の株式数は次のとおりです。なお、A社はB社株式の30%を保有していますが、A社の保有するB社株式に対してはA社株式の交付はされません。この場合、株式継続保有要件は満たすのでしょうか。

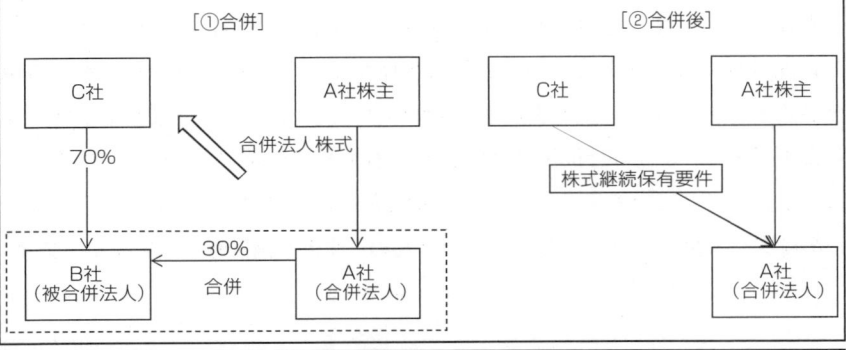

［①合併］　　　　　　　　　　　　　　［②合併後］

（図：①合併前—C社がB社（被合併法人）を70%保有、A社株主がA社（合併法人）を保有。A社がB社を30%保有。B社とA社が合併し、合併法人株式がC社へ交付される。②合併後—C社とA社株主がA社（合併法人）を保有し、株式継続保有要件の対象となる。）

株主名	保有するB社株式数	交付されるA社株式数
A社	300株	0株
C社	700株	100株
合計	1,000株	100株

Answer

　合併法人A社が保有していた被合併法人B社の株式は、株式継続保有要件の判定式上、分子に含まれることから、被合併法人B社の株主の100%について株式の継続保有が見込まれていることになるため、株式継続保有要件を満たします。

第2編　合併

解　説

　合併直前の被合併法人の株主で、合併により交付を受ける合併法人の株式の全部を継続して保有することが見込まれる者並びに合併法人が有する被合併法人の株式の合計数が、その被合併法人の発行済株式等の総数の80％以上である場合に株式継続保有要件を満たします（法令4の3④五）。

　合併法人が被合併法人の株主である場合には、合併法人株式（自己株式）の継続保有の見込みの有無にかかわらず、上記の算式の分子に含むこととされます。

　本件においては、合併法人A社の保有する被合併法人B社の株式に対してA社株式は交付されませんが、これに関係なく、合併法人A社が保有する被合併法人B社株式は、株式継続保有要件の判定式上、分子に含まれることになります。また、C社は合併後に合併法人A社の株式の全部を継続して保有することが見込まれている場合には、被合併法人B社の株主の100％について株式の継続保有が見込まれていることになるため、株式継続保有要件を満たします。

Q2-37 株式継続保有要件④（合併後に合併法人が適格合併により解散する場合）

A社は資本関係のないB社との間で合併することを検討しています。被合併法人はB社であり、A社はB社の株主に対してA社の株式を交付する予定です。なお、合併後にA社とC社との間で、A社を被合併法人、C社を合併法人とする適格合併を行う予定です。この場合、株式継続保有要件は満たすのでしょうか。

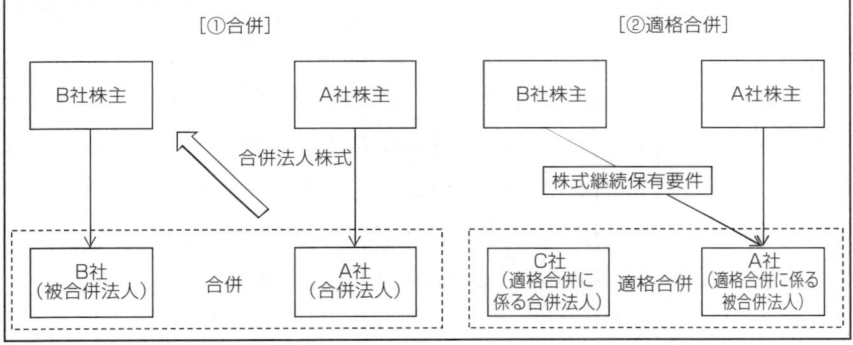

［①合併］

B社株主　　A社株主
　　　　合併法人株式
B社（被合併法人）　合併　A社（合併法人）

［②適格合併］

B社株主　　A社株主
　　　　株式継続保有要件
C社（適格合併に係る合併法人）　適格合併　A社（適格合併に係る被合併法人）

Answer

合併後に合併法人が解散することが見込まれている場合には、被合併法人の株主においては、合併により交付される合併法人株式を継続保有することができないため、株式継続保有要件は満たしませんが、合併後に合併法人が適格合併により解散する場合には特例が認められています。

解説

合併直前の被合併法人の株主で、合併により交付を受ける合併法人の株式の全部を継続して保有することが見込まれる者が有する被合併法人の株式の合計数が、その被合併法人の発行済株式等の総数の80％以上である場合に株式継続保有要件を満たします（法令4の3④五）。

ここで、合併法人が合併後に解散することが見込まれている場合には、株主

第2編 合併

においては、合併法人の株式の全部を継続して保有することが事実上不可能となりますので、株式継続保有要件を満たすことはできないことになります。

ただし、株式継続保有要件の判定上、当初の合併後にその合併法人を被合併法人とする適格合併を行うことが見込まれている場合には、当初の合併の時から、適格合併の直前の時までの間、当初の合併に係る被合併法人の株主で、合併により交付を受ける合併法人株式の全部を継続して保有することが見込まれる者の有する被合併法人株式の合計数が、被合併法人の発行済株式等の80％以上である場合に株式継続保有要件を満たすこととされています（法令4の3④五）。

したがって、本件においては、当初のA社とB社の合併の時からA社とC社の適格合併の直前の時までの間、当初の合併に係る被合併法人であるB社の株主で、合併により交付を受けるA社株式の全部を継続して保有することが見込まれる者の有するB社株式の合計数が、B社の発行済株式等の80％以上である場合には、株式継続保有要件を満たすことになります。

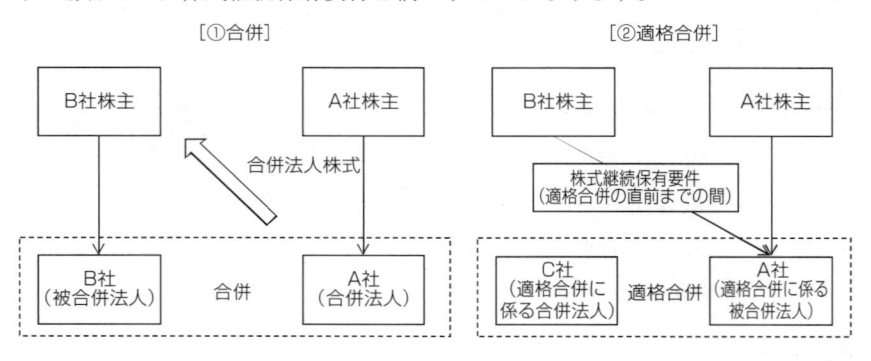

［①合併］　　　　　　　　　　　　　［②適格合併］

- 110 -

Q2-38 株式継続保有要件⑤（合併後に株主が適格合併により解散する場合）

A社は資本関係のないB社との間で合併することを検討しています。被合併法人はB社であり、A社はB社の100％親会社であるC社に対してA社の株式を交付する予定です。なお、合併後にC社とD社との間で、C社を被合併法人、D社を合併法人とする適格合併を行う予定です。この場合、株式継続保有要件は満たすのでしょうか。

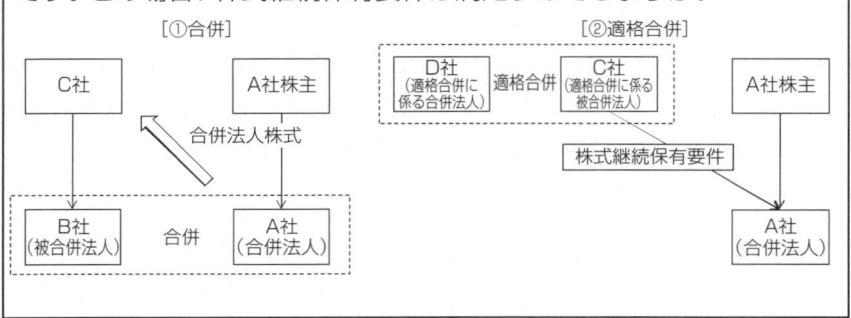

［①合併］

C社　　A社株主
　　↖合併法人株式
B社（被合併法人）　合併　A社（合併法人）

［②適格合併］

D社（適格合併に係る合併法人）　適格合併　C社（適格合併に係る被合併法人）　　A社株主
　　　　　　　　　　株式継続保有要件↓
　　　　　　　　　　　　　　　　A社（合併法人）

Answer

合併後に被合併法人の株主が解散することが見込まれている場合には、被合併法人の株主においては、合併により交付される合併法人株式を継続保有することができないため、株式継続保有要件は満たしませんが、合併後に被合併法人の株主が適格合併により解散する場合には特例が認められています。

解　説

合併直前の被合併法人の株主で、合併により交付を受ける合併法人の株式の全部を継続して保有することが見込まれる者が有する被合併法人の株式の合計数が、その被合併法人の発行済株式等の総数の80％以上である場合に株式継続保有要件を満たします（法令4の3④五）。

ここで、被合併法人の株主が合併後に解散することが予定されている場合には、合併法人の株式の全部を継続して保有することが見込まれていないことに

第2編　合併

なり、株式継続保有要件を満たすことはできないことになります。

　ただし、株式継続保有要件の判定上、被合併法人の株主で合併により交付を受ける合併法人の株式の全部を継続して保有することが見込まれる者については、当初の合併後にその者を被合併法人とする適格合併を行うことが見込まれている場合には、その者が当初の合併後に当初の合併に係る合併法人の株式の全部を保有し、その後の適格合併後にその適格合併に係る合併法人がその株式の全部を継続して保有することが見込まれるときのその者とすることが認められています（法令4の3④五）。

　したがって、本件においては、当初のA社とB社の合併後にC社がA社株式の全部を保有し、その後の適格合併後にD社がそのA社株式の全部を継続して保有することが見込まれている場合には、株式継続保有要件を満たします。

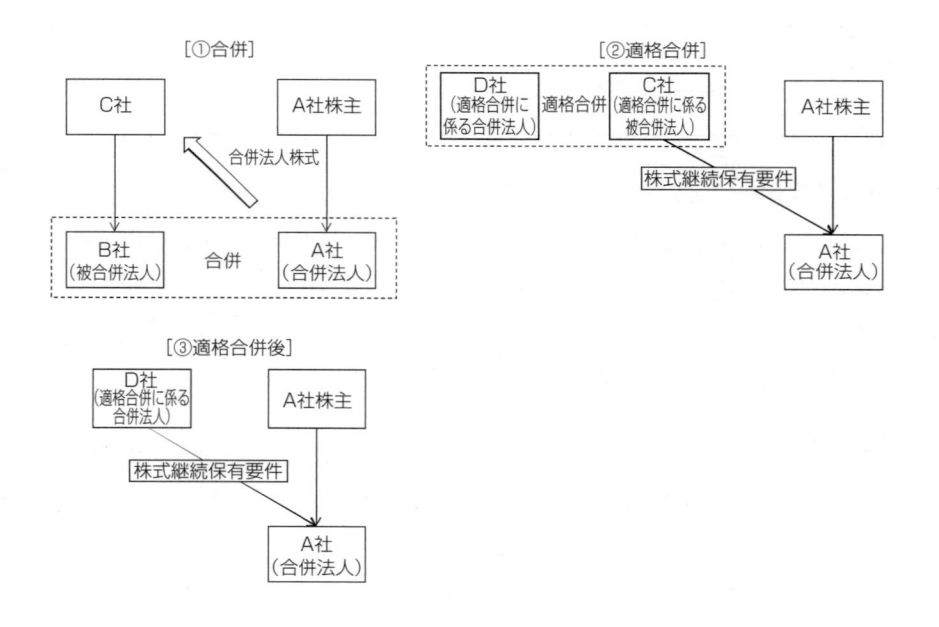

Q2-39 株式継続保有要件⑥(議決権のない株式)

株式継続保有要件について、議決権のない株式は除外して判定することになりますが、議決権のない株式の範囲を教えてください。

Answer

株式継続保有要件における議決権のない株式の範囲については例示規定が設けられています。

解 説

議決権のない株式とされるもの

株式継続保有要件の判定においては、次の株式が議決権のない株式に含まれます（法規3の2①）。
(1) 自己が有する自己株式
(2) 一定の事由が生じたことを条件として議決権を有することとなる旨の定めがある株式で当該事由が生じていないもの

また、1株未満の端数については、1株未満の端数の合計数に相当する株式には会社法上、議決権がないため（会社法308①）、株式継続保有要件の判定においても議決権のない株式として取り扱われます（法基通1-4-2）。

議決権のない株式とされないもの

株式継続保有要件の判定においては、次の株式は議決権のない株式に含まれません（法規3の2②）。

(1) 会社法第879条第3項（特別清算事件の管轄）の規定により議決権を有するものとみなされる株式
(2) 会社法第109条第2項（株主の平等）の規定により株主総会において決議

第2編　合併

　をすることができる事項の全部につき議決権を行使することができない旨
　を定められた株主が有する株式
(3) 単元株式数に満たない株式

第2章 税制適格要件

Q2-40 株式継続保有要件⑦（法令上保有を制限される株式）

合併により被合併法人の株主が交付を受ける合併法人等の株式が、会社法等の規定により保有が制限されることがあります。このように法令上の制限によって合併法人株式の全部を継続保有することができない場合であっても株式継続保有要件に抵触するのでしょうか。

Answer

合併により被合併法人の株主に交付される合併法人等の株式が、会社法等により保有を制限されるものである場合には、その株主が有していた被合併法人の株式は、その被合併法人の発行済株式等から除くこととされており、株式継続保有要件に抵触しないよう手当てがされています。

解　説

合併により被合併法人の株主が交付を受ける合併法人の株式又は合併親法人株式が、会社法第135条第3項（親会社株式の取得の禁止）その他の法令の規定によりその株主による保有を制限されるものである場合には、その株主が有していたその被合併法人の株式は、その被合併法人の発行済株式等に含まれないものとして、株式継続保有要件の判定がされます（法規3の2③）。

つまり、被合併法人が交付を受ける合併法人等の株式が、会社法その他の法令上、その保有を制限される場合には、その株主が有する被合併法人の株式は、保有割合の計算上の分母（発行済株式等）から除いたところで80％以上であるかどうかを判定することにより、株式継続保有要件に抵触しないよう手当てがされています。

第2編　合併

Q2-41 株式継続保有要件⑧（合併後の第三者割当増資が見込まれる場合）

A社は資本関係のないB社との間で合併することを検討しています。被合併法人はB社であり、A社はB社の株主に対してA社の株式を交付する予定です。なお、合併後、A社は第三者割当増資によりC社に対して新株を発行する予定です。この場合、株式継続保有要件に抵触するのでしょうか。

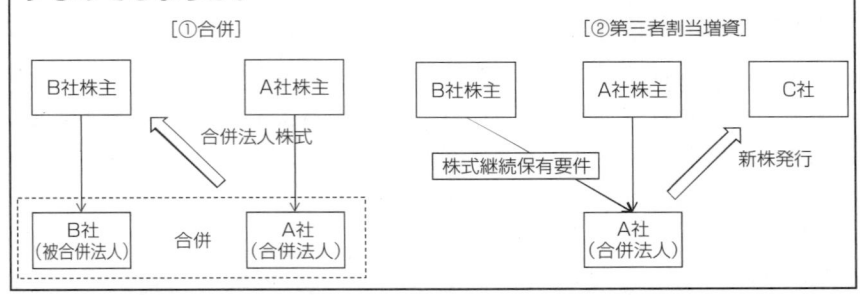

［①合併］　　　　　　　　　　　　　［②第三者割当増資］

```
B社株主    A社株主          B社株主    A社株主    C社
    ↖合併法人株式              ↘           ↗新株発行
                            株式継続保有要件
B社        A社                       A社
(被合併法人) 合併 (合併法人)           (合併法人)
```

Answer

合併後にA社が第三者割当増資によりC社に新株を発行したとしても株式継続保有要件には抵触しません。

解　説

合併後に合併法人が第三者割当増資によって新株を発行するとしても、被合併法人の株主が合併により交付を受けた合併法人等の株式を譲渡するわけではないため、株式継続保有要件には抵触しません。

本件においては、A社が第三者割当増資によって新株をC社に発行しますが、この新株発行自体は株式継続保有要件には抵触しないことになります。B社の株主が合併により交付を受けるA社株式の全部を継続して保有することが見込まれる限りにおいては、株式継続保有要件を満たします。

Q2-42 株式継続保有要件⑨（議決権株式と無議決権株式の両方を発行する場合）

　A社は資本関係のないB社との間で合併することを検討しています。被合併法人はB社となりますが、B社の株主名、各株主が保有するB社株式数、各株主に交付される合併法人A社の株式数は次のとおりです。なお、B社議決権株式に対してはA社議決権株式を交付し、B社無議決権株式についてはA社無議決権株式を交付します。また、E社、F社は、合併後にA社株式を譲渡することが予定されています。この場合、株式継続保有要件は満たすのでしょうか。

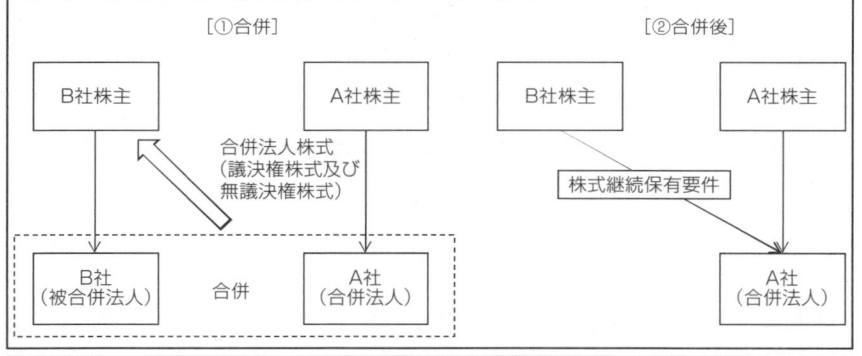

［①合併］　　　　　　　　　　　　　　［②合併後］

株主名	保有するB社議決権株式数	保有するB社無議決権株式数	交付されるA社議決権株式数（売却予定数）	交付されるA社無議決権株式数（売却予定数）
C社	250株	0株	125株	0株
D社	250株	0株	125株	0株
E社	250株	100株	125株（125株）	50株
F社	250株	100株	125株	50株（50株）
G社	0株	500株	0株	250株
合計	1,000株	700株	500株（125株）	350株（50株）

Answer

　被合併法人の株主で、合併により交付されるA社議決権株式の全部を保有することが見込まれる者は、C社、D社、F社の3社となります。3社の有する

第2編　合併

B社議決権株式の合計は750株であることから、B社の発行済株式等の80％未満（75％＝750株／1,000株）となるため、株式継続保有要件は満たしません。

解　説

　合併直前の被合併法人の株主で、合併により交付を受ける合併法人等の議決権株式の全部を継続して保有することが見込まれる者が有する被合併法人の議決権株式の合計が、その被合併法人の発行済株式等（議決権株式のみ）の80％以上である場合に株式継続保有要件を満たします（法令4の3④五）。

　このように、株式継続保有要件の保有割合の判定からは、無議決権株式は除かれており、議決権株式のみで判定することになりますので、合併法人等の議決権株式と無議決権株式の両方が交付される場合には、議決権株式の全部について継続して保有することが見込まれていれば足り、無議決権株式については譲渡することが見込まれていたとしても、株式継続保有要件の判定には影響しません。

　本件においては、無議決権株式を保有しているE社、F社、G社の3社の取扱いがポイントになります。

　E社は合併後にA社議決権株式を譲渡することが予定されていますので、A社議決権株式の全部を継続して保有することは見込まれていないため、E社の保有するB社議決権株式は保有割合の判定上、分子から除かれます。

　F社は合併後にA社無議決権株式を譲渡することが予定されていますが、A社議決権株式は全部を継続して保有することが見込まれていますので、E社の保有するB社議決権株式は保有割合の判定上、分子に含まれます。

　G社は、合併によりA社無議決権株式のみが交付されますので、A社議決権株式の全部を継続して保有することは見込まれないことになりますが、G社はB社議決権株式を保有していないため、保有割合の判定には影響を与えません。

　結果として、本件の被合併法人の株主で、合併により交付されるA社議決権株式の全部を保有することが見込まれる者は、C社、D社、F社の3社となります。3社の有するB社議決権株式の合計は750株であることから、B社の発

行済株式等の 80% 未満（75%=750 株 /1,000 株）となるため、株式継続保有要件は満たさないということになります。

第2編　合併

Q2-43 被合併法人の株主が50人以上である場合

被合併法人の株主が50人以上である場合には、株式継続保有要件が課されないとのことですが、50人以上であるかどうかの判定方法を教えてください。

Answer

被合併法人の株主が50人以上であるかは合併の直前で判定します。また、民法上の組合が株主である場合には、組合員単位で株主数をカウントすると解されています。

解　説

共同事業を営むための合併において、合併に係る被合併法人の株主等の数が50人以上である場合には株式継続保有要件は課されません（法令4の3④）。

これは、株主が多数いるようなケースにおいては、その保有割合を管理することが事実上困難であることから、50人以上という基準を設けているものです。

株主が50人以上であるかの判定は、合併の直前で判定することとされています。

また、民法上の組合が被合併法人の株主となっている場合には、組合単位ではなく、組合員単位で株主数をカウントすると解されています。例えば民法上の組合である従業員持株会が株主である場合には、各組合員を一人の株主としてカウントすることになります。

第 2 章　税制適格要件

Q2-44　従業者引継要件

共同事業を営むための合併の税制適格要件における従業者引継要件は、50%超100%未満グループ内の合併の税制適格要件における従業者引継要件と違いがあるのでしょうか。

Answer

50%超100%未満グループ内の合併の税制適格要件における従業者引継要件と同様です。

解　説

共同事業を営むための合併の税制適格要件における従業者引継要件は、合併に係る被合併法人の合併の直前の従業者のうち、その総数の概ね100分の80以上に相当する数の者が、合併後に合併法人の業務に従事することが見込まれていることをいいます（法令4の3④三）。

共同事業を営むための合併の税制適格要件における従業者引継要件の内容は、50%超100%未満グループ内の合併の税制適格要件である従業者引継要件と同様です。

第2編　合併

Q2-45　事業継続要件

共同事業を営むための合併の税制適格要件における事業継続要件は、50％超100％未満グループ内の合併の税制適格要件における事業継続要件と違いがあるのでしょうか。

Answer

50％超100％未満グループ内の合併の税制適格要件における事業継続要件とほぼ同内容ですが、被合併法人の合併前に営む主要な事業が複数ある場合、その主要な事業のうち、合併事業と関連する事業が、合併後に合併法人において引き続き営まれることが見込まれていることが必要な点が異なります。

解説

共同事業を営むための合併の税制適格要件における事業継続要件は、被合併法人の合併前に営む主要な事業（その合併に係る合併法人の合併事業と関連する事業に限ります）が、合併後に合併法人において引き続き営まれることが見込まれていることをいいます（法令4の3④四）。

50％超100％未満グループ内の合併の税制適格要件である事業継続要件は、被合併法人の合併前に営む主要な事業が複数ある場合には、いずれか一つが合併後に合併法人において引き続き営まれることが見込まれていれば足ります。

一方、共同事業を営むための合併の税制適格要件である事業継続要件では、被合併法人の主要な事業のうち、合併事業と関連する事業が、合併後に合併法人において引き続き営まれることが見込まれていることが必要となります。

つまり、たとえ被合併法人の主要な事業が、合併後に合併法人において引き続き営まれることが見込まれていたとしても、それが合併事業と関連するものでなければ、事業継続要件を満たさないことになります。

この点、50％超100％未満グループ内の合併の税制適格要件である事業継続要件と異なりますので留意が必要です。

Q2-46 無対価合併の場合

無対価合併の場合の、共同事業を営むための合併の要件を教えてください。

Answer

無対価合併に係る被合併法人の全て又は合併法人が資本を有しない法人である場合に限り、共同事業を営むための合併に該当します。

解　説

共同事業を営むための合併は、企業グループ内の合併以外の合併と定義されますが、無対価合併の場合には、無対価合併に係る被合併法人の全て又は合併法人が資本を有しない法人である場合に限り、共同事業を営むための合併に該当するとされています（法令4の3④）。

これは、公益法人のように資本がない法人が合併を行う場合には、企業グループ内の合併のような税制適格要件を課することができないため、共同事業を営むための合併に該当することとしたものです。

第2編　合併

第3章　繰越欠損金等の取扱い

第❶節　被合併法人が有する繰越欠損金の合併法人への引継ぎ

Q2-47　被合併法人が有する繰越欠損金の取扱い

合併をした場合における被合併法人が有する繰越欠損金の取扱いを教えてください。

Answer

被合併法人の有する未処理欠損金額は、非適格合併の場合は切り捨てられますが、適格合併の場合には、合併法人に引き継ぐことができます。

解　説

被合併法人の有する繰越欠損金は、非適格合併の場合には切り捨てられ、合併法人に引き継ぐことはできませんが、適格合併の場合には、合併法人に引き継ぐことができます。

具体的には、適格合併の場合、被合併法人の合併の日前7年以内に開始した事業年度（前7年内事業年度）において生じた未処理欠損金額があるときは、合併法人の合併事業年度以後の各事業年度における繰越欠損金の適用については、被合併法人の前7年内事業年度開始の日の属する合併法人の各事業年度（合併法人の合併事業年度開始の日以後に開始した被合併法人の前7年内事業年度において生じた欠損金額は、合併事業年度の前事業年度）において生じた欠損金額とみなすこととされています（法法57②）。

なお、未処理欠損金額とは、被合併法人の適格合併の日前7年内事業年度において生じた欠損金額で、被合併法人において繰越欠損金の繰越控除（法法57①）、繰越欠損金の繰戻しによる還付（法法80①）の適用を受けていない部分

第３章　繰越欠損金等の取扱い

の金額をいいます。

[欠損金の帰属年度のイメージ]
（１）被合併法人と合併法人の決算期が同じ場合

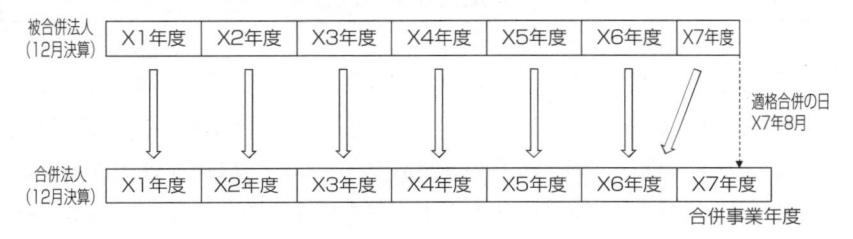

被合併法人（12月決算）: X1年度 | X2年度 | X3年度 | X4年度 | X5年度 | X6年度 | X7年度

↓　↓　↓　↓　↓　↓　↘

適格合併の日　X7年8月

合併法人（12月決算）: X1年度 | X2年度 | X3年度 | X4年度 | X5年度 | X6年度 | X7年度

合併事業年度

（２）被合併法人と合併法人の決算期が異なる場合

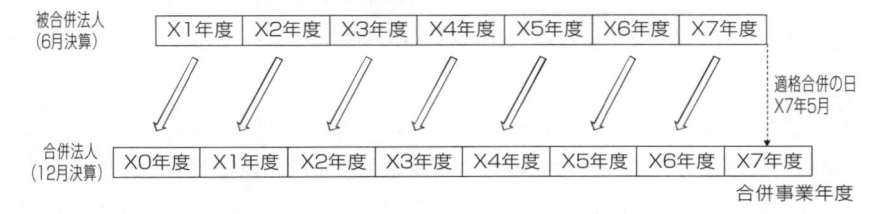

被合併法人（6月決算）: X1年度 | X2年度 | X3年度 | X4年度 | X5年度 | X6年度 | X7年度

↙　↙　↙　↙　↙　↙　↙

適格合併の日　X7年5月

合併法人（12月決算）: X0年度 | X1年度 | X2年度 | X3年度 | X4年度 | X5年度 | X6年度 | X7年度

合併事業年度

Q2-48 被合併法人が有する繰越欠損金の引継制限

適格合併の場合であっても、被合併法人の有する繰越欠損金の引継制限が課されることがあると聞きました。繰越欠損金の引継制限が課される場合について教えてください。

Answer

支配関係のある法人間の適格合併で、被合併法人と合併法人の支配関係が、合併法人の合併事業年度開始の日の5年前の日（又は設立日のいずれか遅い日）後に生じている場合で、かつ、みなし共同事業要件を満たさないときは、被合併法人の有する繰越欠損金の引継制限が課されます。

なお、支配関係のない法人間における共同事業を営むための適格合併の場合には、被合併法人の有する繰越欠損金の引継制限は課されません。

解説

適格合併の場合、被合併法人の有する繰越欠損金は、原則として、合併法人に引き継がれますが、繰越欠損金を利用した租税回避行為を防止する観点から、一定の制限が課されています。

具体的には、支配関係のある法人間の適格合併で、被合併法人と合併法人との間に、次のうち最も遅い日から継続して支配関係がない場合で、かつ、みなし共同事業要件を満たさないときは、被合併法人の有する繰越欠損金の引継制限が課されます（法法57③）。なお、支配関係のない法人間における共同事業を営むための適格合併の場合には、繰越欠損金の引継制限は課されません。

(1) 合併法人の合併の日の属する事業年度開始の日の5年前の日
(2) 被合併法人の設立の日
(3) 合併法人の設立の日

第3章　繰越欠損金等の取扱い

Q2-49　引継制限を受ける繰越欠損金の金額

　支配関係のある法人間の適格合併の場合で、一定の要件を満たさないときは、被合併法人の有する繰越欠損金の引継制限が課されますが、具体的に制限を受ける繰越欠損金の金額について教えてください。

Answer

　被合併法人の有する繰越欠損金のうち、次の繰越欠損金について制限が課されます。
(1)　支配関係事業年度前の各事業年度において生じた欠損金額
(2)　支配関係事業年度以後の各事業年度に生じた欠損金額のうち特定資産譲渡等損失額に相当する金額

　なお、被合併法人が支配関係発生時に含み益がある場合等の一定の場合については、引継制限を緩和する特例があります。

解　説

　支配関係のある法人間の適格合併で、被合併法人と合併法人の支配関係が、合併法人の合併事業年度開始の日の5年前の日（又は設立日のいずれか遅い日）後に生じている場合で、かつ、みなし共同事業要件を満たさないときは、被合併法人の有する繰越欠損金の引継制限が課されます（法法57③）。

　この場合には、被合併法人の有する繰越欠損金のうち、次の欠損金額について引継制限が課されることになります。

(1)　支配関係事業年度（被合併法人と合併法人（新設合併の場合には他の被合併法人）との間に最後に支配関係があることとなった日の属する事業年度）前の各事業年度で前7年内事業年度（被合併法人の適格合併の日前7年前

第2編　合併

　に開始した事業年度）に該当する事業年度において生じた欠損金額
(2) 支配関係事業年度以後の各事業年度で前7年内事業年度に該当する事業年度において生じた欠損金額のうち特定資産譲渡等損失額（法法62の7②）に相当する金額からなる部分の金額

　被合併法人の前7年内事業年度の繰越欠損金のうち、支配関係事業年度前の各事業年度において発生した欠損金額については全額が制限を受けますが、支配関係事業年度以後の各事業年度において生じた欠損金額については、全額ではなく特定資産譲渡等損失相当額のみが制限を受けることになります。
　特定資産譲渡等損失相当額は、支配関係事業年度以後の各事業年度（対象事業年度）において生じた欠損金額のうち、その対象事業年度を「特定資産譲渡等損失の損金算入制限（法法62の7①）」の適用がある事業年度とし、最後に支配関係があることとなった日において有する資産を「特定資産」とした場合に、その対象事業年度において「特定資産譲渡等損失の損金算入制限」の適用を受ける金額に達するまでの金額とされています（法令112⑤）。

　なお、被合併法人が支配関係発生時に含み益がある場合等の一定の場合については、引継制限を緩和する特例があります。

第3章　繰越欠損金等の取扱い

Q2-50　引継制限を受ける繰越欠損金の金額（事例）

A社を被合併法人、B社を合併法人とする適格合併を行いました。被合併法人A社の繰越欠損金は下表のとおりです。A社とB社の支配関係事業年度はX2年であり、かつ、みなし共同事業要件を満たさないため、繰越欠損金の引継制限が課されますが、具体的に引継制限を受ける金額はどのように計算するのでしょうか。

事業年度		欠損金額	特定資産譲渡等損失の損金算入制限の適用を受ける金額
支配関係事業年度前	X1年	500	-
支配関係事業年度以後	X2年	500	700
	X3年	500	300
	X4年	500	0
合計		2,000	1,000

Answer

支配関係事業年度前の各事業年度の欠損金額の全額、支配関係事業年度以後の各事業年度の欠損金額のうち特定資産譲渡等損失相当額について、繰越欠損金の引継制限を受けます。

解説

支配関係のある法人間の適格合併で、一定の要件を満たさない場合には被合併法人の有する繰越欠損金の引継制限が課されます。

引継制限を受ける欠損金額は、支配関係事業年度前の各事業年度に発生した欠損金額の全額、支配関係事業年度以後の各事業年度の欠損金額のうち特定資産譲渡等損失相当額となります（法法57③）。

本件における引継制限を受ける欠損金額、引継ぎ可能な欠損金額は下表のようになります。

第2編 合併

事業年度	欠損金額	引継制限を受ける欠損金額	引継ぎ可能な欠損金額
X1年	500	500	0
X2年	500	500	0
X3年	500	300	200
X4年	500	0	500
合計	2,000	1,300	700

(1) X1年：500

X1年は、支配関係事業年度前の事業年度であるため、欠損金額の全額（500）について制限を受けます。

(2) X2年：500

X2年は支配関係事業年度以後の事業年度であるため、欠損金額のうち特定資産譲渡等損失相当額について制限を受けます。

X2年の「欠損金額」は500であり、「特定資産譲渡等損失の損金算入制限の適用を受ける金額」は700です。制限対象となる「特定資産譲渡等損失相当額」は、「欠損金額のうち特定資産譲渡等損失の損金算入制限の適用を受ける金額に達するまでの金額」であることから、「欠損金額」と「特定資産譲渡等損失の損金算入制限の適用を受ける金額」のいずれか低い金額となります。したがって「特定資産譲渡等損失相当額」は、500となります。

(3) X3年：300

X3年は支配関係事業年度以後の事業年度であるため、欠損金額のうち特定資産譲渡等損失相当額について制限を受けます。

X3年の「欠損金額」は500であり、「特定資産譲渡等損失の損金算入制限の適用を受ける金額」は300です。制限対象となる「特定資産譲渡等損失相当額」は、「欠損金額のうち特定資産譲渡等損失の損金算入制限の適用を受ける金額に達するまでの金額」であることから、「欠損金額」と「特定資産譲渡等損失

第 3 章　繰越欠損金等の取扱い

の損金算入制限の適用を受ける金額」のいずれか低い金額となります。したがって「特定資産譲渡等損失相当額」は、300 となります。

(4) X4 年：0

　X4 年は支配関係事業年度以後の事業年度であるため、欠損金額のうち特定資産譲渡等損失相当額について制限を受けます。

　X4 年の「欠損金額」は 500 であり、「特定資産譲渡等損失の損金算入制限の適用を受ける金額」は 0 です。制限対象となる「特定資産譲渡等損失相当額」は、「欠損金額のうち特定資産譲渡等損失の損金算入制限の適用を受ける金額に達するまでの金額」であることから、「欠損金額」と「特定資産譲渡等損失の損金算入制限の適用を受ける金額」のいずれか低い金額となります。したがって「特定資産譲渡等損失相当額」は、0 となります。

第2編　合併

Q2-51　繰越欠損金の引継制限の緩和

支配関係のある法人間の適格合併の場合で、一定の要件を満たさないときは、被合併法人の有する繰越欠損金の引継制限が課されますが、被合併法人が支配関係発生時に含み益を有する場合等の一定の場合には引継制限を緩和する特例があると聞きました。引継制限の緩和の特例について教えてください。

Answer

被合併法人の支配関係発生直前事業年度末における時価純資産価額が簿価純資産価額を超えている場合等、一定の要件を満たすときには、繰越欠損金の引継制限が緩和されます。

解　説

支配関係のある法人間の適格合併で、被合併法人と合併法人の支配関係が、合併法人の合併事業年度開始の日の5年前の日（又は設立日のいずれか遅い日）後に生じている場合で、かつ、みなし共同事業要件を満たさないときは、被合併法人の有する繰越欠損金の引継制限が課されます（法法57③）。

支配関係のある法人間の適格合併における被合併法人の繰越欠損金の引継制限は、企業グループ内の法人間の繰越欠損金と課税所得を相殺することにより、不当な租税回避行為をすることを防止するために設けられているものです。したがって、繰越欠損金を有する被合併法人が十分な含み益のある資産を保有しているような場合等、適格合併をしなくとも含み益資産の譲渡により、自社で繰越欠損金を使用することが可能な場合には、引継制限を課す必要はないと考えられます。

そのため、以下の場合には、被合併法人の繰越欠損金の引継制限が緩和されています（法令113①）。

第３章　繰越欠損金等の取扱い

1. 被合併法人の支配関係事業年度の前事業年度末の時価純資産価額が簿価純資産価額を超える場合（時価純資産超過額）（法令113①一、二）

（1）時価純資産超過額≧被合併法人の支配関係前未処理欠損金額の場合（法令113①一）

　被合併法人の時価純資産超過額が、被合併法人の支配関係前未処理欠損金額（支配関係事業年度の前事業年度末における未処理欠損金額）以上である場合、又は、被合併法人に時価純資産超過額が生じている場合で支配関係前未処理欠損金額がないときには、繰越欠損金の引継制限は課されません。

　この時価純資産超過額とは、時価純資産価額が簿価純資産価額を超える場合におけるその超える部分の金額をいいます。なお、時価純資産価額と簿価純資産価額は次のように計算されます。

時価純資産価額 ＝ その有する資産の時価の合計額 － その有する負債の時価の合計額
（注）負債には新株予約権に係る義務が含まれます。
簿価純資産価額 ＝ その有する資産の税務上の帳簿価額の合計額 － その有する負債の税務上の帳簿価額の合計額

（2）時価純資産超過額＜被合併法人の支配関係前未処理欠損金額の場合（法令113①二）

　被合併法人の時価純資産超過額が、被合併法人の支配関係前未処理欠損金額未満である場合には、繰越欠損金の引継制限は次のように緩和されます。

① 支配関係事業年度前の各事業年度において生じた欠損金額
　支配関係事業年度前の各事業年度において生じた欠損金額のうち、時価純資産超過額に達するまでの金額について引き継ぐことが可能です。なお、支配関

第2編　合併

係事業年度前の未処理欠損金額のうち、時価純資産超過額を超える部分の金額（制限対象金額）については、支配関係前未処理欠損金額のうち最も古いものから構成されるものとされます。

② 支配関係事業年度以後の各事業年度に生じた欠損金額のうち特定資産譲渡等損失相当額

繰越欠損金の引継制限は課されません。

2. 被合併法人の支配関係事業年度の前事業年度末の時価純資産価額が、簿価純資産価額に満たない場合（簿価純資産超過額）（法令113①三）

被合併法人の簿価純資産超過額が、被合併法人の支配関係事業年度以後の各事業年度に生じた欠損金額のうち特定資産譲渡等損失相当額に満たない場合には、繰越欠損金の引継制限は次のように緩和されます。

簿価純資産超過額とは、時価純資産価額が簿価純資産価額に満たない場合におけるその満たない部分の金額をいいます。

（1）支配関係事業年度前の各事業年度において生じた欠損金額

全額について引継制限を受けます。

（2）支配関係事業年度以後の各事業年度に生じた欠損金額のうち特定資産譲渡等損失相当額

簿価純資産超過額を超える部分の金額について引き継ぐことが可能です。

なお、簿価純資産超過額相当額について引継制限を受けることになりますが、この制限を受ける金額は、支配関係事業年度以後の特定資産譲渡等損失相当額のうち最も古いものから構成されるものとされます。

3. 特例の適用要件（法令113②、③、法規26の4）

　上記1及び2の特例は、適格合併に係る合併法人が、合併事業年度の確定申告書に特例の計算に関する明細書を添付し、かつ、被合併法人の時価純資産価額の算定の基礎となる事項を記載した書類等を保存している場合に限り適用されます。

　なお、前述の明細書の添付がない確定申告書の提出があった場合又は前述の書類の保存がない場合においても、その明細書の添付又は書類の保存がなかったことについてやむを得ない事情があると認められるときは、その明細書及びその書類の提出があった場合に限り、特例が適用されます。

Q2-52 時価純資産超過額が支配関係前未処理欠損金額以上の場合

A社を被合併法人、B社を合併法人とする適格合併を行いました。被合併法人A社の合併事業年度前の繰越欠損金は下表のとおりです。A社とB社の支配関係事業年度はX4年であり、かつ、みなし共同事業要件を満たしていません。

X3年末における時価純資産超過額は2,000、支配関係前未処理欠損金額は1,000です(X1年以前は、欠損金額は生じていません)。

この場合の被合併法人A社の有する繰越欠損金の引継制限について教えてください。

(A社の最後事業年度の繰越欠損金)

事業年度		欠損金額	特定資産譲渡等損失の損金算入制限の適用を受ける金額
支配関係事業年度前	X2年	500	-
	X3年	500	-
支配関係事業年度以後	X4年	500	700
	X5年	500	300
	X6年	500	0
合計		2,500	1,000

(A社の支配関係事業年度の前事業年度(X3年)末の純資産価額)

時価純資産価額	簿価純資産価額	時価純資産超過額
10,000	8,000	2,000

Answer

支配関係事業年度の直前事業年度末における時価純資産超過額が、支配関係前未処理欠損金額の合計額以上であるため、被合併法人A社の有する繰越欠損金の引継制限は課されません。

第3章 繰越欠損金等の取扱い

解　説

　支配関係のある法人間の適格合併で、被合併法人と合併法人の支配関係が、合併法人の合併事業年度開始の日の5年前の日（又は設立日のいずれか遅い日）後に生じている場合で、かつ、みなし共同事業要件を満たさないときは、被合併法人の有する繰越欠損金の引継制限が課されます（法法57③）。

　ただし、被合併法人の支配関係事業年度の前事業年度終了の時における時価純資産超過額が支配関係前未処理欠損金額の合計額以上であるとき又は被合併法人の支配関係前未処理欠損金額がないときは、繰越欠損金の引継制限は課されません（法令113①一）。

　本件では、被合併法人A社と合併法人B社との間の支配関係が合併事業年度開始の日の5年前の日後に生じており、かつ、みなし共同事業要件を満たさないため、被合併法人の有する繰越欠損金の引継制限の緩和の特例を適用できるかがポイントとなります。

　被合併法人A社の支配関係事業年度の前事業年度（X3年）における時価純資産超過額は、2,000であり、支配関係前未処理欠損金額は1,000（X2年500とX3年500の合計額）となっています。

　したがって、被合併法人A社の支配関係事業年度の前事業年度末の時価純資産超過額が支配関係前未処理欠損金額以上であることから、被合併法人A社の有する繰越欠損金について引継制限は課されません。

（B社の繰越欠損金引継可能額）

事業年度		欠損金額	制限対象額	引継可能欠損金額
支配関係事業年度前	X2年	500	0	500
	X3年	500	0	500
支配関係事業年度以後	X4年	500	0	500
	X5年	500	0	500
	X6年	500	0	500
合計		2,500	0	2,500

第2編 合併

Q2-53 時価純資産超過額が支配関係前未処理欠損金額に満たない場合

A社を被合併法人、B社を合併法人とする適格合併を行いました。被合併法人A社の合併事業年度前の繰越欠損金は下表のとおりです。A社とB社の支配関係事業年度はX4年であり、かつ、みなし共同事業要件を満たしていません。

X3年末における時価純資産超過額は100、支配関係前未処理欠損金は1,000です(X1年以前は、欠損金額は生じていません)。

この場合の被合併法人A社の有する繰越欠損金の引継制限について教えてください。

(A社の最後事業年度の繰越欠損金)

事業年度		欠損金額	特定資産譲渡等損失の損金算入制限の適用を受ける金額
支配関係事業年度前	X2年	500	-
	X3年	500	-
支配関係事業年度以後	X4年	500	700
	X5年	500	300
	X6年	500	0
合計		2,500	1,000

(A社の支配関係事業年度の前事業年度(X3年)末の純資産価額)

時価純資産価額	簿価純資産価額	時価純資産超過額
8,100	8,000	100

Answer

支配関係事業年度の直前事業年度末の時価純資産超過額が、支配関係前未処理欠損金額の合計額に満たないため、被合併法人A社の有する繰越欠損金のうち、支配関係事業年度前の各事業年度において生じた欠損金額のうち、時価純資産超過額を超える部分の金額について引継制限が課されます。

第3章　繰越欠損金等の取扱い

解　説

　支配関係のある法人間の適格合併で、被合併法人と合併法人の支配関係が、合併法人の合併事業年度開始の日の5年前の日（又は設立日のいずれか遅い日）後に生じている場合で、かつ、みなし共同事業要件を満たさないときは、被合併法人の有する繰越欠損金の引継制限が課されます（法法57③）。

　ただし、被合併法人の支配関係事業年度の前事業年度終了の時において時価純資産超過額が生じており、かつ、それが支配関係前未処理欠損金額に満たない場合には、引継制限を受ける金額は次にように緩和されます（法令113①二）。

(1) 支配関係事業年度前の各事業年度において生じた欠損金額

　支配関係事業年度前の各事業年度において生じた欠損金額のうち、時価純資産超過額に達するまでの金額について引き継ぐことが可能です。なお、支配関係事業年度前の未処理欠損金額のうち、時価純資産超過額を超える部分の金額（制限対象金額）については、支配関係前未処理欠損金額のうち最も古いものから構成されるものとされます。

(2) 支配関係事業年度以後の各事業年度に生じた欠損金額のうち特定資産譲渡等損失相当額

　繰越欠損金の引継制限は課されません。

　本件では、被合併法人A社と合併法人B社との間の支配関係が合併事業年度開始の日の5年前の日後に生じており、かつ、みなし共同事業要件を満たさないため、被合併法人の有する繰越欠損金の引継制限の緩和の特例を適用できるかがポイントとなります。

　被合併法人A社の支配関係事業年度の前事業年度末の時価純資産超過額は100であり、支配関係前未処理欠損金額1,000（X2年とX3年の欠損金額の合計額）に満たないため、支配関係事業年度前の各事業年度（X3年以前の事業

第2編 合併

年度）において生じた欠損金額1,000のうち、時価純資産超過額に達するまでの金額である100及び支配関係事業年度以後の各事業年度における欠損金額1,500の合計額1,600について合併法人B社に引き継ぐことが可能です。

次に、支配関係事業年度前の各事業年度の欠損金額のうち、どの発生年度の欠損金額が、引き継がれるかという点ですが、制限対象金額は、支配関係前未処理欠損金額のうち最も古いものから構成されることから、制限対象金額900は、X2年の欠損金額500とX3年の欠損金額のうち400から構成されることになるため、合併法人B社に引継ぎ可能な欠損金額はX3年の欠損金額のうち100となります。

（B社の繰越欠損金引継可能額）

事業年度		欠損金額	制限対象額	引継可能欠損金額
支配関係事業年度前	X2年	500	500	0
	X3年	500	400	100
支配関係事業年度以後	X4年	500	0	500
	X5年	500	0	500
	X6年	500	0	500
合計		2,500	900	1,600

第3章 繰越欠損金等の取扱い

Q2-54 簿価純資産超過額が支配関係事業年度以後の特定資産譲渡等損失相当額に満たない場合

A社を被合併法人、B社を合併法人とする適格合併を行いました。被合併法人A社の合併事業年度前の繰越欠損金は下表のとおりです。A社とB社の支配関係事業年度はX4年であり、かつ、みなし共同事業要件を満たしていません。

X3年末における簿価純資産超過額は600、支配関係事業年度以後の特定資産譲渡等損失相当額は800です。

この場合の被合併法人A社の有する繰越欠損金の引継制限について教えてください。

(A社の最後事業年度の繰越欠損金)

事業年度		欠損金額	特定資産譲渡等損失の損金算入制限を受ける金額	特定資産譲渡等損失相当額
支配関係事業年度前	X2年	500	-	-
	X3年	500	-	-
支配関係事業年度以後	X4年	500	700	500
	X5年	500	300	300
	X6年	500	0	0
合計		2,500	1,000	800

(A社の支配関係事業年度の前事業年度（X3年）末の純資産価額)

時価純資産価額	簿価純資産価額	簿価純資産超過額
7,400	8,000	600

Answer

支配関係事業年度の直前事業年度末の簿価純資産超過額が、支配関係事業年度以後の特定資産譲渡等損失相当額に満たないため、被合併法人A社の有する繰越欠損金のうち、支配関係事業年度前の欠損金額の全額及び支配関係事業年度以後の欠損金額のうち、特定資産譲渡等損失相当額までの金額について引継制限が課されます。

第2編　合併

解　説

　支配関係のある法人間の適格合併で、被合併法人と合併法人の支配関係が、合併法人の合併事業年度開始の日の5年前の日（又は設立日のいずれか遅い日）後に生じている場合で、かつ、みなし共同事業要件を満たさないときは、被合併法人の有する繰越欠損金の引継制限が課されます（法法57③）。
　ただし、被合併法人の簿価純資産超過額が、被合併法人の支配関係事業年度以降の各事業年度に生じた欠損金額のうち特定資産譲渡等損失相当額に満たない場合には、繰越欠損金の引継制限は次のように緩和されます（法令113①三）。

(1) 支配関係事業年度前の各事業年度において生じた欠損金額
　全額について引継制限を受けます。

(2) 支配関係事業年度以後の各事業年度に生じた欠損金額のうち特定資産譲渡等損失相当額
　簿価純資産超過額を超える部分の金額について引き継ぐことが可能です。

　なお、簿価純資産超過額相当額について引継制限を受けることになりますが、この制限を受ける金額は、支配関係事業年度以後の特定資産譲渡等損失相当額のうち最も古いものから構成されるものとされます。
　本件では、被合併法人A社と合併法人B社との間の支配関係が合併事業年度開始の日の5年前の日後に生じており、かつ、みなし共同事業要件を満たさないため、被合併法人の有する繰越欠損金の引継制限の緩和の特例を適用できるかがポイントとなります。
　被合併法人A社の支配関係事業年度の前事業年度末の簿価純資産超過額は600であり、支配事業年度以後の特定資産譲渡等損失相当額800に満たないため、支配関係前事業年度の欠損金額の全額及び支配関係事業年度以後の特定資産譲渡等損失相当額のうち簿価純資産超過額に達するまでの金額600について

第3章　繰越欠損金等の取扱い

引継制限を受けます。

　次に、支配関係事業年度以後の特定資産譲渡等損失相当額のうち、どの発生年度の特定資産譲渡等損失相当額が引き継がれるかという点ですが、制限対象となる金額は、支配関係事業年度以後の特定資産譲渡等損失相当額のうち最も古いものから構成されることから、制限対象となる金額600は、X4年の特定資産譲渡等損失相当額500とX5年の特定資産譲渡等損失相当額のうち100から構成されることになるため、合併法人B社に引継ぎ可能な特定資産譲渡等損失相当額はX5年の特定資産譲渡等損失相当額のうち200となります。

　結果として、合併法人B社に引き継がれる欠損金額は、支配関係事業年度以後の欠損金額で特定資産譲渡等損失相当額以外の部分の金額700（X5年200とX6年500の合計額）及び支配関係事業年度以後の特定資産譲渡等損失相当額のうち制限対象とならない部分の金額200（X5年）の合計額900となります。

(B社の繰越欠損金引継可能額)

事業年度		欠損金額	特定資産譲渡等損失の損金算入制限を受ける金額	特定資産譲渡等損失相当額	制限対象額	引継可能欠損金額
支配関係事業年度前	X2年	500	-	-	500	0
	X3年	500	-	-	500	0
支配関係事業年度以後	X4年	500	700	500	500	0
	X5年	500	300	300	100	400
	X6年	500	0	0	0	500
合計		2,500	1,000	800	1,600	900

第2編　合併

第❷節　合併法人が有する繰越欠損金の使用制限

Q2-55　合併法人が有する繰越欠損金の使用制限

適格合併の場合に、合併法人の有する繰越欠損金に使用制限が課されることがあると聞きました。合併法人の有する繰越欠損金に使用制限が課される場合について教えてください。

Answer

支配関係のある法人間の適格合併若しくは一定の非適格合併で、被合併法人と合併法人の支配関係が、合併法人の合併事業年度開始の日の5年前の日（又は設立日のいずれか遅い日）後に生じている場合で、かつ、みなし共同事業要件を満たさないときは、合併法人の有する繰越欠損金の使用制限が課されます。

なお、支配関係のない法人間における共同事業を営むための適格合併の場合には、合併法人の有する繰越欠損金の使用制限は課されません。

解　説

支配関係のある法人間の適格合併若しくは非適格合併で完全支配関係のある法人間の取引による譲渡損益の繰延べ（法法61の13①）の適用があるもの（「適格合併等」といいます）が行われた場合には、合併法人が有する繰越欠損金について使用制限が課されることがあります。

具体的には、支配関係のある法人間の適格合併等で、被合併法人と合併法人との間に、次のうち最も遅い日から継続して支配関係がない場合で、かつ、みなし共同事業要件を満たさないときは、合併法人の有する繰越欠損金の使用制限が課されます（法法57④）。なお、支配関係のない法人間における共同事業を営むための適格合併の場合には、繰越欠損金の使用制限は課されません。

(1) 合併法人の合併の日の属する事業年度開始の日の5年前の日
(2) 被合併法人の設立の日
(3) 合併法人の設立の日

第2編　合併

Q2-56 使用制限を受ける繰越欠損金の金額

適格合併等の場合で、一定の要件を満たさないときは、合併法人の有する繰越欠損金の使用制限が課されますが、具体的に使用制限を受ける繰越欠損金の金額について教えてください。

Answer

合併法人の有する繰越欠損金のうち、次の欠損金額について使用制限が課されます。
(1) 支配関係事業年度前の各事業年度において生じた欠損金額
(2) 支配関係事業年度以後の各事業年度において生じた欠損金額のうち特定資産譲渡等損失額に相当する金額

解　説

支配関係のある法人間の適格合併若しくは非適格合併で完全支配関係のある法人間の取引による譲渡損益の繰延べ（法法61の13①）の適用があるもの（「適格合併等」といいます）で、被合併法人と合併法人の支配関係が、合併法人の合併事業年度開始の日の5年前の日（又は設立日のいずれか遅い日）後に生じている場合で、かつ、みなし共同事業要件を満たさないときは、合併法人の有する繰越欠損金の使用制限が課されます（法法57④）。

この場合には、合併法人の有する繰越欠損金のうち、次の欠損金額について使用制限が課されることになります。

(1) 支配関係事業年度（被合併法人と合併法人との間に最後に支配関係があることとなった日の属する事業年度）前の各事業年度で前7年内事業年度（合併事業年度開始の前7年以内に開始した各事業年度）に該当する事業年度において生じた欠損金額
(2) 支配関係事業年度以後の各事業年度で前7年内事業年度に該当する事業年

第3章　繰越欠損金等の取扱い

度において生じた欠損金額のうち特定資産譲渡等損失額（法法62の7②）に相当する金額からなる部分の金額

　合併法人の前7年内事業年度の繰越欠損金のうち、支配関係事業年度前の各事業年度において発生した欠損金額については全額が制限を受けますが、支配関係事業年度以後の各事業年度において生じた欠損金額については、全額ではなく特定資産譲渡等損失相当額のみが制限を受けることになります。
　特定資産譲渡等損失相当額は、支配関係事業年度以後の各事業年度（対象事業年度）において生じた欠損金額のうち、その対象事業年度を「特定資産譲渡等損失の損金算入制限（法法62の7①）」の適用がある事業年度とし、最後に支配関係があることとなった日において有する資産を「特定資産」とした場合に、その対象事業年度において「特定資産譲渡等損失の損金算入制限」の適用を受ける金額に達するまでの金額とされています（法令112⑧）。

第2編　合併

Q2-57 使用制限を受ける繰越欠損金の金額（事例）

　A社を被合併法人、B社を合併法人とする適格合併を行いました。合併法人B社の合併事業年度前の繰越欠損金は下表のとおりです。A社とB社の支配関係事業年度はX2年であり、かつ、みなし共同事業要件を満たさないため、繰越欠損金の使用制限が課されるのですが、具体的に制限を受ける金額はどのように計算するのでしょうか。

事業年度		欠損金額	特定資産譲渡等損失の損金算入制限の適用を受ける金額
支配関係事業年度前	X1年	500	-
支配関係事業年度以後	X2年	500	700
	X3年	500	300
	X4年	500	0
合計		2,000	1,000

Answer

　支配関係事業年度前の各事業年度の欠損金額の全額、支配関係事業年度以後の各事業年度の欠損金額のうち特定資産譲渡等損失相当額について、繰越欠損金の使用制限を受けます。

解　説

　支配関係のある法人間の適格合併若しくは非適格合併で完全支配関係のある法人間の取引による譲渡損益の繰延べ（法法61の13①）の適用があるもので、一定の要件を満たさない場合には合併法人の有する繰越欠損金の使用制限が課されます。

　使用制限を受ける欠損金額は、支配関係事業年度前の各事業年度に発生した欠損金額の全額、支配関係事業年度以後の各事業年度の欠損金額のうち特定資産譲渡等損失相当額となります（法法57④）。

　本件における使用制限を受ける欠損金額、使用可能な欠損金額は下表のよう

第３章　繰越欠損金等の取扱い

になります。

事業年度	欠損金額	使用制限を受ける欠損金額	使用可能な欠損金額
X1 年	500	500	0
X2 年	500	500	0
X3 年	500	300	200
X4 年	500	0	500
合計	2,000	1,300	700

(1) X1 年：500

　X1 年は、支配関係事業年度前の事業年度であるため、欠損金額の全額（500）について制限を受けます。

(2) X2 年：500

　X2 年は支配関係事業年度以後の事業年度であるため、欠損金額のうち特定資産譲渡等損失相当額について制限を受けます。

　X2 年の「欠損金額」は 500 であり、「特定資産譲渡等損失の損金算入制限の適用を受ける金額」は 700 です。制限対象となる「特定資産譲渡等損失相当額」は、「欠損金額のうち特定資産譲渡等損失の損金算入制限の適用を受ける金額に達するまでの金額」であることから、「欠損金額」と「特定資産譲渡等損失の損金算入制限の適用を受ける金額」のいずれか低い金額となります。したがって「特定資産譲渡等損失相当額」は、500 となります。

(3) X3 年：300

　X3 年は支配関係事業年度以後の事業年度であるため、欠損金額のうち特定資産譲渡等損失相当額について制限を受けます。

　X3 年の「欠損金額」は 500 であり、「特定資産譲渡等損失の損金算入制限の適用を受ける金額」は 300 です。制限対象となる「特定資産譲渡等損失相当額」

第2編　合併

は、「欠損金額のうち特定資産譲渡等損失の損金算入制限の適用を受ける金額に達するまでの金額」であることから、「欠損金額」と「特定資産譲渡等損失の損金算入制限の適用を受ける金額」のいずれか低い金額となります。したがって「特定資産譲渡等損失相当額」は、300となります。

(4) X4年：0

X4年は支配関係事業年度以後の事業年度であるため、欠損金額のうち特定資産譲渡等損失相当額について制限を受けます。

X4年の「欠損金額」は500であり、「特定資産譲渡等損失の損金算入制限の適用を受ける金額」は0です。制限対象となる「特定資産譲渡等損失相当額」は、「欠損金額のうち特定資産譲渡等損失の損金算入制限の適用を受ける金額に達するまでの金額」であることから、「欠損金額」と「特定資産譲渡等損失の損金算入制限の適用を受ける金額」のいずれか低い金額となります。したがって「特定資産譲渡等損失相当額」は、0となります。

第3章 繰越欠損金等の取扱い

Q2-58 繰越欠損金の使用制限の緩和

支配関係のある法人間の適格合併等の場合で、一定の要件を満たさないときは、合併法人の有する繰越欠損金の使用制限が課されますが、合併法人が支配関係時に含み益を有する場合等の一定の場合には使用制限を緩和する特例があると聞きました。使用制限の緩和の特例について教えてください。

Answer

合併法人の支配関係発生直前事業年度末における時価純資産価額が簿価純資産価額を超えている場合等、一定の要件を満たすときには、繰越欠損金の使用制限が緩和されています。

解　説

支配関係のある法人間の適格合併若しくは非適格合併で完全支配関係のある法人間の取引による譲渡損益の繰延べ（法法61の13①）の適用があるもの（「適格合併等」といいます）で、被合併法人と合併法人の支配関係が、合併法人の合併事業年度開始の日の5年前の日（又は設立日のいずれか遅い日）後に生じている場合に、みなし共同事業要件を満たさないときは、合併法人の有する繰越欠損金の使用制限が課されます（法法57④）。

支配関係のある法人間の適格合併等における合併法人の繰越欠損金の使用制限は、企業グループ内の法人間の繰越欠損金と課税所得を相殺することにより、不当な租税回避行為をすることを防止するために設けられているものです。したがって、繰越欠損金を有する合併法人が十分な含み益のある資産を保有しているような場合等、適格合併等をしなくとも含み益資産の譲渡により、自社で繰越欠損金を使用することが可能な場合には、使用制限を課す必要はないと考えられます。

そのため、以下の場合には、合併法人の繰越欠損金の使用制限が緩和されて

第2編　合併

います（法令113④、①）。

1. 合併法人の支配関係事業年度の前事業年度末の時価純資産価額が簿価純資産価額を超える場合（時価純資産超過額）（法令113④、①一、二）

（1）時価純資産超過額≧合併法人の支配関係前未処理欠損金額の場合（法令113④、①一）

　合併法人の時価純資産超過額が、合併法人の支配関係前未処理欠損金額（支配関係事業年度の前事業年度末における未処理欠損金額）以上である場合、又は、合併法人に時価純資産超過額が生じている場合で支配関係前未処理欠損金額がないときには、繰越欠損金の使用制限は課されません。

　この時価純資産超過額とは、時価純資産価額が簿価純資産価額を超える場合におけるその超える部分の金額をいいます。なお、時価純資産価額と簿価純資産価額は次のように計算されます。

時価純資産価額 ＝ その有する資産の時価の合計額 － その有する負債の時価の合計額
（注）負債には新株予約権に係る義務が含まれます。
簿価純資産価額 ＝ その有する資産の税務上の帳簿価額の合計額 － その有する負債の税務上の帳簿価額の合計額

（2）時価純資産超過額＜合併法人の支配関係前未処理欠損金額の場合（法令113④、①二）

　合併法人の時価純資産超過額が、合併法人の支配関係前未処理欠損金額未満である場合には、繰越欠損金の使用制限は次のように緩和されます。

①　支配関係事業年度前の各事業年度において生じた欠損金額

第3章　繰越欠損金等の取扱い

　支配関係事業年度前の各事業年度において生じた欠損金額のうち、時価純資産超過額に達するまでの金額について使用可能です。なお、支配関係事業年度の前の未処理欠損金額のうち、時価純資産超過額を超える部分の金額（制限対象金額）については、支配関係前未処理欠損金額のうち最も古いものから構成されるものとされます。

② 支配関係事業年度以後の各事業年度に生じた欠損金額のうち特定資産譲渡等損失相当額

　繰越欠損金の使用制限は課されません。

2. 合併法人の支配関係事業年度の前事業年度末の時価純資産価額が、簿価純資産価額に満たない場合（簿価純資産超過額）（法令113④、①三）

　合併法人の簿価純資産超過額が、合併法人の支配関係事業年度以後の各事業年度に生じた欠損金額のうち特定資産譲渡等損失相当額に満たない場合には、繰越欠損金の使用制限は次のように緩和されます。
　簿価純資産超過額とは、時価純資産価額が簿価純資産価額に満たない場合におけるその満たない部分の金額をいいます。

(1) 支配関係事業年度前の各事業年度において生じた欠損金額

　全額について使用制限を受けます。

(2) 支配関係事業年度以後の各事業年度に生じた欠損金額のうち特定資産譲渡等損失相当額

　簿価純資産超過額を超える部分の金額について使用することが可能です。
　なお、簿価純資産超過額相当額について使用制限を受けることになりますが、この制限を受ける金額は、支配関係事業年度以後の特定資産譲渡等損失相当額のうち最も古いものから構成されるものとされます。

3. 特例の適用要件（法令113④、②、③、法規26の4）

　上記1及び2の特例は、適格合併に係る合併法人が、合併事業年度の確定申告書に特例の計算に関する明細書を添付し、かつ、合併法人の時価純資産価額の算定の基礎となる事項を記載した書類等を保存している場合に限り適用されます。

　なお、前述の明細書の添付がない確定申告書の提出があった場合又は前述の書類の保存がない場合においても、その明細書の添付又は書類の保存がなかったことについてやむを得ない事情があると認められるときは、その明細書及びその書類の提出があった場合に限り、特例が適用されます。

Q2-59 時価純資産超過額が支配関係前未処理欠損金額以上の場合

A社を被合併法人、B社を合併法人とする適格合併を行いました。合併法人B社の合併事業年度前の繰越欠損金は下表のとおりです。A社とB社の支配関係事業年度はX4年であり、かつ、みなし共同事業要件を満たしていません。

X3年末における時価純資産超過額は2,000、支配関係前未処理欠損金は1,000です（X1年以前は、欠損金額は生じていません）。

この場合の合併法人B社の有する繰越欠損金の使用制限について教えてください。

（B社の合併事業年度前の繰越欠損金）

事業年度		欠損金額	特定資産譲渡等損失の損金算入制限の適用を受ける金額
支配関係事業年度前	X2年	500	-
	X3年	500	-
支配関係事業年度以後	X4年	500	700
	X5年	500	300
	X6年	500	0
合計		2,500	1,000

（B社の支配関係事業年度の前事業年度（X3年）末の純資産価額）

時価純資産価額	簿価純資産価額	時価純資産超過額
10,000	8,000	2,000

Answer

支配関係事業年度の直前事業年度末の時価純資産超過額が、支配関係前未処理欠損金額の合計額以上であるため、合併法人B社の有する繰越欠損金の使用制限は課されません。

解　説

支配関係のある法人間の適格合併若しくは非適格合併で完全支配関係のある

第2編 合併

法人間の取引による譲渡損益の繰延べ（法法61の13①）の適用があるもので、被合併法人と合併法人の支配関係が、合併法人の合併事業年度開始の日の5年前の日（又は設立日のいずれか遅い日）後に生じている場合で、かつ、みなし共同事業要件を満たさないときは、合併法人の有する繰越欠損金の使用制限が課されます（法法57④）。

ただし、合併法人の支配関係事業年度の前事業年度終了の時における時価純資産超過額が支配関係前未処理欠損金額の合計額以上であるとき又は合併法人の支配関係前未処理欠損金額がないときは、繰越欠損金の使用制限は課されません（法令113④、①一）。

本件では、被合併法人A社と合併法人B社との間の支配関係が合併事業年度開始の日の5年前の日後に生じており、かつ、みなし共同事業要件を満たさないため、合併法人の有する繰越欠損金の使用制限の緩和の特例を適用できるかがポイントとなります。

合併法人B社の支配関係事業年度の前事業年度（X3年）における時価純資産超過額は、2,000であり、支配関係前未処理欠損金額は1,000（X2年500とX3年500の合計額）となっています。

したがって、合併法人B社の支配関係事業年度の前事業年度末の時価純資産超過額は、支配関係前未処理欠損金額以上であることから、合併法人B社の有する繰越欠損金について使用制限は課されません。

（B社の繰越欠損金使用可能額）

事業年度		欠損金額	制限対象額	使用可能欠損金額
支配関係事業年度前	X2年	500	0	500
	X3年	500	0	500
支配関係事業年度以後	X4年	500	0	500
	X5年	500	0	500
	X6年	500	0	500
合計		2,500	0	2,500

第3章 繰越欠損金等の取扱い

Q2-60 時価純資産超過額が支配関係前未処理欠損金額に満たない場合

A社を被合併法人、B社を合併法人とする適格合併を行いました。合併法人B社の合併事業年度前の繰越欠損金は下表のとおりです。A社とB社の支配関係事業年度はX4年であり、かつ、みなし共同事業要件を満たしていません。

X3年末における時価純資産超過額は100、支配関係前未処理欠損金は1,000です（X1年以前は、欠損金額は生じていません）。

この場合の合併法人B社の有する繰越欠損金の使用制限について教えてください。

（B社の合併事業年度前の繰越欠損金）

事業年度		欠損金額	特定資産譲渡等損失の損金算入制限の適用を受ける金額
支配関係事業年度前	X2年	500	-
	X3年	500	-
支配関係事業年度以後	X4年	500	700
	X5年	500	300
	X6年	500	0
合計		2,500	1,000

（B社の支配関係事業年度の前事業年度（X3年）末の純資産価額）

時価純資産価額	簿価純資産価額	時価純資産超過額
8,100	8,000	100

Answer

支配関係事業年度の直前事業年度末の時価純資産超過額が、支配関係前未処理欠損金額の合計額に満たないため、合併法人B社の有する繰越欠損金のうち、支配関係事業年度前の各事業年度において生じた欠損金額のうち、時価純資産超過額を超える部分の金額について使用制限が課されます。

第2編　合併

解　説

　支配関係のある法人間の適格合併若しくは非適格合併で完全支配関係のある法人間の取引による譲渡損益の繰延べ（法法61の13①）の適用があるもので、被合併法人と合併法人の支配関係が、合併法人の合併事業年度開始の日の5年前の日（又は設立日のいずれか遅い日）後に生じている場合で、かつ、みなし共同事業要件を満たさないときは、合併法人の有する繰越欠損金の使用制限が課されます（法法57④）。

　ただし、合併法人の支配関係事業年度の前事業年度終了の時において時価純資産超過額が生じており、かつ、それが支配関係前未処理欠損金額に満たない場合には、使用制限を受ける金額は次にように緩和されます（法令113④、①二）。

(1) 支配関係事業年度前の各事業年度において生じた欠損金額

　支配関係事業年度前の各事業年度において生じた欠損金額のうち、時価純資産超過額に達するまでの金額について使用可能です。なお、支配関係事業年度前の未処理欠損金額のうち、時価純資産超過額を超える部分の金額（制限対象金額）については、支配関係前未処理欠損金額のうち最も古いものから構成されるものとされます。

(2) 支配関係事業年度以後の各事業年度に生じた欠損金額のうち特定資産譲渡等損失相当額

　繰越欠損金の使用制限は課されません。

　本件では、被合併法人A社と合併法人B社との間の支配関係が合併事業年度開始の日の5年前の日後に生じており、かつ、みなし共同事業要件を満たさないため、合併法人の有する繰越欠損金の使用制限の緩和の特例を適用できるかがポイントとなります。

　合併法人B社の支配関係事業年度の前事業年度末の時価純資産超過額は100

第3章　繰越欠損金等の取扱い

であり、支配関係前未処理欠損金額 1,000（X2 年と X3 年の欠損金額の合計額）に満たないため、支配関係事業年度前の各事業年度（X3 年以前の事業年度）において生じた欠損金額 1,000 のうち、時価純資産超過額に達するまでの金額である 100 及び支配関係事業年度以後の各事業年度の欠損金額 1,500 の合計額 1,600 について合併後に使用することが可能です。

次に、支配関係事業年度前の各事業年度の欠損金額のうち、どの発生年度の欠損金額が、使用できるかという点ですが、制限対象金額は、支配関係前未処理欠損金額のうち最も古いものから構成されることから、制限対象金額 900 は、X2 年の欠損金額 500 と X3 年の欠損金額のうち 400 から構成されることになるため、合併法人 B 社が使用可能な欠損金額は X3 年の欠損金額のうち 100 となります。

(B 社の繰越欠損金使用可能額)

事業年度		欠損金額	制限対象額	使用可能欠損金額
支配関係事業年度前	X2 年	500	500	0
	X3 年	500	400	100
支配関係事業年度以後	X4 年	500	0	500
	X5 年	500	0	500
	X6 年	500	0	500
合計		2,500	900	1,600

第2編 合併

Q2-61 簿価純資産超過額が支配関係事業年度以後の特定資産譲渡等損失相当額に満たない場合

　A社を被合併法人、B社を合併法人とする適格合併を行いました。合併法人B社の合併事業年度前の繰越欠損金は下表のとおりです。A社とB社の支配関係事業年度はX4年であり、かつ、みなし共同事業要件を満たしていません。

　X3年末における簿価純資産超過額は600、支配関係事業年度以後の特定資産譲渡等損失相当額は800です。

　この場合の合併法人B社の有する繰越欠損金の使用制限について教えてください。

（B社の合併事業年度前の繰越欠損金）

事業年度		欠損金額	特定資産譲渡等損失の損金算入制限を受ける金額	特定資産譲渡等損失相当額
支配関係事業年度前	X2年	500	-	-
	X3年	500	-	-
支配関係事業年度以後	X4年	500	700	500
	X5年	500	300	300
	X6年	500	0	0
合計		2,500	1,000	800

（B社の支配関係事業年度の前事業年度（X3年）末の純資産価額）

時価純資産価額	簿価純資産価額	簿価純資産超過額
7,400	8,000	600

Answer

　支配関係事業年度の直前事業年度末の簿価純資産超過額が、支配関係事業年度以後の特定資産譲渡等損失相当額に満たないため、合併法人B社の有する繰越欠損金のうち、支配関係事業年度前の欠損金額の全額及び支配関係事業年度以後の欠損金額のうち、特定資産譲渡等損失相当額までの金額について使用制限が課されます。

第3章　繰越欠損金等の取扱い

解　説

　支配関係のある法人間の適格合併若しくは非適格合併で完全支配関係のある法人間の取引による譲渡損益の繰延べ（法法61の13①）の適用があるもので、被合併法人と合併法人の支配関係が、合併法人の合併事業年度開始の日の5年前の日（又は設立日のいずれか遅い日）後に生じている場合で、かつ、みなし共同事業要件を満たさないときは、合併法人の有する繰越欠損金の使用制限が課されます（法法57④）。

　ただし、合併法人の簿価純資産超過額が、合併法人の支配関係事業年度以後の各事業年度に生じた欠損金額のうち特定資産譲渡等損失相当額に満たない場合には、繰越欠損金の使用制限は次のように緩和されます（法令113④、①三）。

(1) 支配関係事業年度前の各事業年度において生じた欠損金額

　全額について使用制限を受けます。

(2) 支配関係事業年度以後の各事業年度に生じた欠損金額のうち特定資産譲渡等損失相当額

　簿価純資産超過額を超える部分の金額について使用することが可能です。

　なお、簿価純資産超過額相当額について使用制限を受けることになりますが、この制限を受ける金額は、支配関係事業年度以後の特定資産譲渡等損失相当額のうち最も古いものから構成されるものとされます。

　本件では、被合併法人A社と合併法人B社との間の支配関係が合併事業年度開始の日の5年前の日後に生じており、かつ、みなし共同事業要件を満たさないため、合併法人の有する繰越欠損金の使用制限の緩和の特例を適用できるかがポイントとなります。

　合併法人B社の支配関係事業年度の前事業年度末の簿価純資産超過額は600

第2編　合併

であり、支配事業年度以後の特定資産譲渡等損失相当額800に満たないため、支配関係前事業年度の欠損金額の全額及び支配関係事業年度以後の特定資産譲渡等損失相当額のうち簿価純資産超過額に達するまでの金額600について使用制限を受けます。

　次に、支配関係事業年度以後の特定資産譲渡等損失相当額のうち、どの発生年度の特定資産譲渡等損失相当額が使用可能かという点ですが、制限対象となる金額は、支配関係事業年度以後の特定資産譲渡等損失相当額のうち最も古いものから構成されることから、制限対象となる金額600は、X4年の特定資産譲渡等損失相当額500とX5年の特定資産譲渡等損失相当額のうち100から構成されることになるため、合併法人B社で使用可能な特定資産譲渡等損失相当額はX5年の特定資産譲渡等損失相当額のうち200となります。

　結果として、合併法人B社で使用可能な欠損金額は、支配関係事業年度以後の欠損金額で特定資産譲渡等損失相当額以外の部分の金額700（X5年200とX6年500の合計額）及び支配関係事業年度以後の特定資産譲渡等損失相当額のうち制限対象とならない部分の金額200（X5年）の合計額900となります。

（B社の繰越欠損金使用可能額）

事業年度		欠損金額	特定資産譲渡等損失の損金算入制限を受ける金額	特定資産譲渡等損失相当額	制限対象額	使用可能欠損金額
支配関係事業年度前	X2年	500	-	-	500	0
	X3年	500	-	-	500	0
支配関係事業年度以後	X4年	500	700	500	500	0
	X5年	500	300	300	100	400
	X6年	500	0	0	0	500
合計		2,500	1,000	800	1,600	900

第❸節 特定資産譲渡等損失の損金算入制限

Q2-62 特定資産譲渡等損失の損金算入制限

合併の場合の特定資産譲渡等損失の損金算入制限について教えてください。

Answer

特定資産譲渡等損失の損金算入制限は、支配関係のある法人間の適格合併等を行った場合において、その合併法人が適格合併等により引き継いだ資産の譲渡等を行うことによって、その資産の含み損を実現させたときに、その損失の損金算入を制限する制度です。

解説

1. 概要

支配関係のある法人間の適格合併若しくは非適格合併で完全支配関係のある法人間の取引による譲渡損益の繰延べ（法法61の13①）の適用があるもの（特定適格組織再編成等といいます）が行われた場合において、被合併法人と合併法人との間に、次のうち最も遅い日から継続して支配関係がない場合で、かつ、みなし共同事業要件を満たさないときは、合併法人の適用期間において生じる特定資産譲渡等損失は、合併法人の各事業年度の所得の金額の計算上、損金の額に算入されません（法法62の7①）。

なお、支配関係のない法人間の共同事業を営むための適格合併の場合には、特定資産譲渡等損失の損金算入制限は課されません。

(1) 合併法人の合併の日の属する事業年度開始の日の5年前の日
(2) 被合併法人の設立の日

第2編　合併

(3) 合併法人の設立の日

2. 特定資産譲渡等損失額

特定資産譲渡等損失額とは次の金額の合計額をいいます（法法62の7②）。

(1) 特定引継資産譲渡等損失（法法62の7②一）

特定引継資産譲渡等損失額は次のように計算されます。

特定引継資産譲渡等損失額 ＝ 特定引継資産の譲渡、評価換え、貸倒れ、除却その他これらに類する事由による損失の額の合計額 － 特定引継資産の譲渡又は評価換えによる利益の額の合計額

特定引継資産とは、合併法人が被合併法人から引き継いだ資産で、被合併法人と合併法人との間に最後に支配関係があることとなった日（支配関係発生日）前から有していたものをいいます。

(2) 特定保有資産譲渡等損失（法法62の7②二）

特定保有資産譲渡等損失額は次のように計算されます。

特定保有資産譲渡等損失額 ＝ 特定保有資産の譲渡、評価換え、貸倒れ、除却その他これらに類する事由による損失の額の合計額 － 特定保有資産の譲渡又は評価換えによる利益の額の合計額

特定保有資産とは、合併法人が支配関係発生日前から有していた資産をいいます。

3. 適用期間

　特定資産譲渡等損失の損金算入制限の対象期間である適用期間は、合併事業年度開始の日から、次の日のうち最も早い日までの期間をいいます（法法62の7①）。

(1) 合併事業年度開始の日以後3年を経過する日
(2) 支配関係発生日以後5年を経過する日
(3) 連結納税の開始に伴う資産の時価評価損益（法法61の11①）の適用を受ける場合には、連結開始直前事業年度終了の日
(4) 連結納税の加入に伴う資産の時価評価損益（法法61の12①）の適用を受ける場合には、連結加入直前事業年度終了の日
(5) 非適格株式交換若しくは非適格株式移転に係る株式交換完全子法人等の資産の時価評価損益（法法62の9①）の適用を受ける場合には、その非適格株式交換又は非適格株式移転の日の属する事業年度終了の日

　なお、適用期間は、合併事業年度開始の日以後であるため、特定保有資産については合併前に譲渡したものであっても特定資産譲渡等損失の損金算入制限が課されることになります。具体的には、合併事業年度開始の日から合併の日までの間に、特定保有資産の譲渡等損失が生じた場合に、その譲渡等損失について損金算入制限を受けることになります。

第2編　合併

Q2-63　特定資産譲渡等損失額の計算

A社を被合併法人、B社を合併法人とする適格合併を行いました。A社とB社の支配関係は合併事業年度開始の日の5年前の日後に生じており、かつ、みなし共同事業要件を満たさないため、特定資産譲渡等損失の損金算入制限が課されます。

適用期間はX1年、X2年、X3年であり、各期間における特定引継資産の譲渡等損失及び譲渡等利益、特定保有資産の譲渡等損失及び譲渡等利益は下表のとおりですが、特定資産譲渡等損失額の計算はどのように行うのでしょうか。

(特定引継資産)

	X1年	X2年	X3年	合計
譲渡等損失	△1,000	△500	△500	△2,000
譲渡等利益	500	1,000	1,000	2,500

(特定保有資産)

	X1年	X2年	X3年	合計
譲渡等損失	△1,000	△1,000	△500	△2,500
譲渡等利益	500	500	1,000	2,000

Answer

　特定資産譲渡等損失額は、特定引継資産譲渡等損失額と特定保有資産譲渡等損失額の合計額となります。

解　説

　特定資産譲渡等損失額は、次の金額の合計額とされます（法法62の7②）。

(1) 特定引継資産譲渡等損失額
(2) 特定保有資産譲渡等損失額

　ここで、特定引継資産譲渡等損失額と特定保有資産譲渡等損失額は、それぞれの区分ごとに計算を行います。

第3章　繰越欠損金等の取扱い

具体的には、それぞれの区分ごとに譲渡等損失額から譲渡等利益額を控除して計算します。なお、譲渡等損失額よりも譲渡等利益額が大きい場合には、譲渡等損失額はゼロとなります（マイナスとして他方の区分の譲渡等損失と通算することはできません）。

本件における各事業年度の特定資産譲渡等損失額は次のように計算されます。

(X1年)
① 特定引継資産譲渡等損失額 △500（譲渡等損失△1,000－譲渡等利益500=△500）
② 特定保有資産譲渡等損失額 △500（譲渡等損失△1,000－譲渡等利益500=△500）
③ 特定資産譲渡等損失額 △1,000（①+②）

(X2年)
① 特定引継資産譲渡等損失額 0（譲渡等損失△500－譲渡等利益1,000=500→0）
② 特定保有資産譲渡等損失額 △500（譲渡等損失△1,000－譲渡等利益500=△500）
③ 特定資産譲渡等損失額 △500（①+②）

(X3年)
① 特定引継資産譲渡等損失額 0（譲渡等損失△500－譲渡等利益1,000=500→0）
② 特定保有資産譲渡等損失額 0（譲渡等損失△500－譲渡等利益1,000=500→0）
③ 特定資産譲渡等損失額 0（①+②）

第2編　合併

Q2-64 特定資産の範囲

特定資産の範囲について教えてください。

Answer

特定資産は、特定引継資産と特定保有資産とに区別されます。特定引継資産は、被合併法人から引き継いだ資産で、被合併法人が支配関係発生日前から有していたものをいい、特定保有資産は、合併法人が支配関係発生日前から有していた資産をいいます。

なお、特定資産からは、棚卸資産、短期売買商品、売買目的有価証券、特定適格組織再編等の日における帳簿価額又は取得価額が1,000万円に満たない資産等の一定の資産が除かれます。

解　説

特定資産は、特定引継資産と特定保有資産とに区別されます。特定引継資産の範囲、特定保有資産の範囲は次のようになります。

(1) 特定引継資産の範囲（法法62の7②一、法令123の8③）

特定引継資産は、支配関係のある法人間の適格合併若しくは非適格合併で完全支配関係のある法人間の取引による譲渡損益の繰延べ（法法61の13①）の適用があるもの（特定適格組織再編成等といいます）により被合併法人から移転を受けた資産で、被合併法人が支配関係発生日前から有していたものをいいます。

ただし、次に掲げる資産については特定引継資産から除かれます。

① 棚卸資産（土地等（土地及び土地の上に存する権利をいう）を除きます）

棚卸資産から土地等は除かれます。つまり、販売用不動産として保有する土地等については、特定引継資産に該当することになります。

② 短期売買商品
③ 売買目的有価証券
④ 特定適格組織再編等の日における帳簿価額又は取得価額が1,000万円に満たない資産

　この場合における帳簿価額又は取得価額は、その資産を次のように区分した後の単位で判定することになります（法令123の8③四、法規27の15①）。

資産区分		単位
金銭債権		一の債務者ごとに区分する
減価償却資産	建物	1棟（建物の区分所有等に関する法律第1条（建物の区分所有）の規定に該当する建物にあっては、同法2条第1項（定義）に規定する建物の部分）ごとに区分する
	機械及び装置	一の生産設備又は1台若しくは1基（通常1組又は一式をもって取引の単位とされているものにあっては、1組又は一式）ごとに区分する
	その他の減価償却資産	建物又は機械及び装置に準じて区分する
土地等		土地等を一筆（一体として事業の用に供される一団の土地等にあっては、その一団の土地等）ごとに区分する
有価証券		銘柄の異なるごとに区分する
その他の資産		通常の取引単位を基準として区分する

ⅰ）資本的支出

　減価償却資産の帳簿価額については、平成19年4月1日以後に資本的支出を行い、その資本的支出の金額を新たな資産を取得したものとして、資産本体と資本的支出の帳簿価額が別になっている場合であっても、それぞれの帳簿価額を合計した金額を基に、1,000万円未満であるかの判定を行います（法基通12の2-2-6）。

ⅱ）圧縮記帳適用資産

　また、固定資産で圧縮記帳を適用しているものについては、その固定資産の帳簿価額又は取得価額は、圧縮記帳に係る規定の適用を受けた後の金額になるとされています（法基通12の2-2-3）。

第2編　合併

⑤　支配関係発生日における時価が支配関係発生日における帳簿価額を下回っていない資産

　支配関係発生日における時価が、税務上の帳簿価額以上である資産については、特定引継資産から除かれます。

　なお、この規定の適用を受けるには、合併法人が合併事業年度の確定申告書に、その資産の時価及び帳簿価額に関する明細書の添付があり、かつ、時価の算定の基礎となるべき資料（継続して公表された価額があるものについては、その公表された価額を示す書類、その法人が価額を算定しているものについては、その算定の根拠を明らかにする書類等）を保存することが要件とされています（法規27の15②）。

⑥　非適格合併により移転を受けた資産で、譲渡損益調整資産以外のもの

　譲渡損益調整資産とは、完全支配関係のある法人間における資産の譲渡損益の繰延べ（法法61の13①）の適用を受けた資産をいいます。非適格合併により移転を受けた資産で、譲渡損益調整資産以外の資産については、特定引継資産から除かれます。

(2) 特定保有資産の範囲（法法62の7②二、法令123の8⑬）

　特定保有資産は、合併法人が支配関係発生日前から有していた資産をいいます。

　ただし、次に掲げる資産については特定引継資産から除かれます。詳細については、特定引継資産の範囲と同様ですが、④の帳簿価額又は取得価額が1,000万円に満たない資産の判定日が、「特定適格組織再編成等の日」ではなく「特定適格組織再編等の日の属する事業年度開始の日」であることが異なります。

①　棚卸資産（土地等（土地及び土地の上に存する権利をいう）を除きます）
②　短期売買商品
③　売買目的有価証券
④　特定適格組織再編等の日の属する事業年度開始の日における帳簿価額又は

取得価額が1,000万円に満たない資産
⑤　支配関係発生日における時価が支配関係発生日における帳簿価額を下回っていない資産

Q2-65 特定資産譲渡等損失と特定資産譲渡等利益の範囲

特定資産の譲渡等特定事由(譲渡、評価換え、貸倒れ、除却その他これらに類する事由)による損失の額の範囲、特定資産の譲渡又は評価換えによる利益の額の範囲について教えてください。

Answer

特定資産の譲渡等特定事由による損失又は特定資産の譲渡又は評価換えによる利益については、その対象となるものについて一定の範囲が定められています。

解 説

1. 特定引継資産の譲渡等特定事由による損失の範囲

特定引継資産の譲渡等特定事由による損失の合計額とは、その事業年度の適用期間における特定引継資産の譲渡、評価換え、貸倒れ、除却その他これらに類する事由(「譲渡等特定事由」といいます)により生じた損失の合計額をいいます(法法62の7②一)。

(1) 特定引継資産の譲渡等特定事由による損失に含まれないもの

損失の額の発生の起因となる特定引継資産の譲渡等特定事由には、次のものを含まないとされています(法令123の8④)。

① 災害による資産の滅失又は損壊による損失
② 会社更生法等の規定の適用による更生手続開始の決定があった場合において、その更生手続開始の決定の時からその更生手続開始の決定に係る更生手続終了の時までの間に生じた資産の譲渡等特定事由(「更生期間資産譲渡等」といいます)
③ 固定資産(土地等を除きます)又は繰延資産(「評価換対象資産」といいます)

につき行った評価換えで評価損の損金算入（法法33②）の規定の適用がされるもの（その評価換対象資産につき評価損を計上できる事実が特定適格組織再編成等の日前に生じており、かつ、その事実に起因してその資産の時価が帳簿価額を下回っていることが明らかである場合を除きます）
④ 再生手続開始の決定があった場合において、民事再生法に規定する再生債務者である法人のその再生手続開始の決定の時からその再生手続開始の決定に係る再生手続の終了の時までの間に生じた資産の譲渡等特定事由（「再生等期間資産譲渡等」といいます）。なお、この再生等期間資産譲渡等には、一定の私的整理が行われた場合も含まれます（法33条第4項に規定する一定の事実が生じた場合を含むとされています）
⑤ 減価償却資産の除却（ただし、除却事業年度開始の日における帳簿価額が、その減価償却資産につき、除却事業年度において採用している償却方法で取得日から償却を行ったものとした場合に計算される除却事業年度開始の日における帳簿価額相当額の概ね2倍を超えるものを除きます）
⑥ 譲渡損益調整資産の譲渡で法61条の13第1項（完全支配関係がある法人間の取引の譲渡損益の繰延べ）の規定の適用があるもの
⑦ 租税特別措置法第64条第1項「収用等に伴い代替資産を取得した場合の課税の特例」に規定する収用等による資産の譲渡
⑧ 租税特別措置法第65条第1項「換地処分等に伴い資産を取得した場合の課税の特例」に規定する換地処分等による資産の譲渡
⑨ 租税特別措置法第67条の4第1項「転廃業助成金等に係る課税の特例」に規定する法令の制定等があったことに伴い、その営む事業の廃止又は転換をしなければならないこととなった法人のその廃止又は転換をする事業の用に供していた資産の譲渡、除却その他の処分

(2) 特定引継資産の譲渡等特定事由による損失に含まれるもの

損失の額の発生の起因となる特定引継資産の譲渡等特定事由には、次のものを含むとされています（法令123の8⑤）。

第2編　合併

① 事業年度終了の時に有する外貨建資産等について、法人税法施行令第122条の3「外国為替の売買相場が著しく変動した場合の外貨建資産等の期末時換算の特例」の適用を受ける場合のその外貨建取引
② 法人税法第61条の11第1項「連結納税の開始に伴う資産の時価評価損益」、法人税法第62条の9第1項「非適格株式交換等に係る株式交換完全子法人等の有する資産の時価評価損益」の適用を受ける場合の評価損の計上
③ 譲渡損益調整資産に係る譲渡損失額相当額につき、法人税法第61条の13第1項の規定の適用を受け、かつ、損金の額に算入されていない金額がある場合における、グループ外譲渡等の一定事由によるその譲渡損失額の計上
④ 資産調整勘定を有する法人を被合併法人とする非適格合併を行った場合又はその法人の残余財産が確定した場合において、その合併の日の前日又は残余財産の確定の日の属する事業年度において、その資産調整勘定の金額を減額すべきこととなったこと。ただし、その減額すべきこととなった金額が、その事業年度がその合併の日の前日又は残余財産の確定の日の属する事業年度でなかったとした場合に減額すべきこととなる資産調整勘定の金額に満たない場合を除きます。

2. 特定引継資産の譲渡又は評価換えによる利益の範囲

特定引継資産の譲渡又は評価換えによる利益の合計額とは、その事業年度の適用期間における特定引継資産の譲渡又は評価換えにより生じた利益の合計額をいいます（法法62の7②一）。

(1) 特定引継資産の譲渡又は評価換えによる利益に含まれないもの

利益の額の発生の起因となる特定引継資産の譲渡又は評価換えには、次のものを含まないとされています（法令123の8⑧）。

① 更生期間資産譲渡等
② 再生等期間資産譲渡等

第3章　繰越欠損金等の取扱い

③　交換により取得した資産の圧縮額の損金算入制度（法法50）の適用を受けた譲渡資産の交換による譲渡
④　譲渡損益調整資産の譲渡で法61条の13第1項（完全支配関係がある法人間の取引の譲渡損益の繰延べ）の規定の適用があるもの

(2) 特定引継資産の譲渡又は評価換えによる利益に含まれるもの

利益の額の発生の起因となる特定引継資産の譲渡又は評価換えには、次のものを含むとされています（法令123の8⑨）。

①　事業年度終了の時に有する外貨建資産等について、法人税法施行令第122条の3「外国為替の売買相場が著しく変動した場合の外貨建資産等の期末時換算の特例」の適用を受ける場合のその外貨建取引
②　法人税法第61条の11第1項「連結納税の開始に伴う資産の時価評価損益」、法人税法第62条の9第1項「非適格株式交換等に係る株式交換完全子法人等の有する資産の時価評価損益」の適用を受ける場合の評価益の計上
③　譲渡損益調整資産に係る譲渡損失額相当額につき、法人税法第61条の13第1項の規定の適用を受け、かつ、益金の額に算入されていない金額がある場合における、グループ外譲渡等の一定事由によるその譲渡利益額の計上
④　特定引継資産の譲渡に伴い設けた租税特別措置法に規定する特別勘定の金額が連結納税の開始等又は非適格株式交換等に伴って益金の額に算入されることとなったこと

3. 特定保有資産の譲渡等特定事由による損失の範囲

特定保有資産の譲渡等特定事由による損失の合計額とは、その事業年度の適用期間における特定保有資産の譲渡、評価換え、貸倒れ、除却その他これらに類する事由（「譲渡等特定事由」といいます）により生じた損失の合計額をいいます（法法62の7②二）。

その範囲は特定引継資産の譲渡等特定事由の範囲と基本的に同様です（法令

123の8⑭)。

4. 特定保有資産の譲渡又は評価換えによる利益の範囲

　特定保有資産の譲渡又は評価換えによる利益の合計額とは、その事業年度の適用期間における特定保有資産の譲渡又は評価換えにより生じた利益の合計額をいいます（法法62の7②二）。

　その範囲は特定引継資産の譲渡又は評価換えによる利益の範囲と基本的に同様です（法令123の8⑭）。

第３章　繰越欠損金等の取扱い

Q2-66　特定資産譲渡等損失と特定資産譲渡等利益の計算

特定資産の譲渡等に係る損失の額又は利益の額について、具体的に個々の資産に係る譲渡等損失額又は譲渡等利益額をどのように計算するか教えてください。

Answer

特定資産に係る譲渡等損失額又は譲渡等利益額の計算については、その事由に応じて計算方法が定められています。

解　説

1. 特定引継資産の譲渡等特定事由による損失の額

特定引継資産の譲渡等特定事由のうち、譲渡その他の移転（「譲渡等」といいます）による損失の額にあっては、その譲渡直前の帳簿価額が、その譲渡等に係る対価の額を超える場合におけるその超える部分の金額をいい、特定引継資産の譲渡等以外の譲渡等特定事由（「評価換え等」といいます）による損失の額にあっては、その特定引継資産の評価換え等の直前の帳簿価額がその評価換え等の直後の帳簿価額を超える場合におけるその超える部分の金額（その事業年度の損金の額に算入されないものを除きます）をいいます（法令123の8⑥）。

（1）譲渡等の場合

譲渡等による損失の額 ＝ 譲渡直前の税務上の帳簿価額 － 譲渡対価

（注）譲渡直前の税務上の帳簿価額 ＞ 譲渡対価の場合

（2）評価換え等の場合

評価換え等による損失の額 ＝ 評価換え等の直前の税務上の帳簿価額 － 評価換え等の直後の税務上の帳簿価額

（注）評価換え等の直前の税務上の帳簿価額 ＞ 評価換え等の直後の税務上の帳簿価額の場合

第2編　合併

2. 特定引継資産の譲渡等特定事由による損失の額の調整

　特定引継資産の譲渡等特定事由が、次に掲げるものであるときは、その損失の額は次に定める金額とすることとされています（法令123の8⑦）。

(1) 個別貸倒引当金が設定されている場合の個別評価金銭債権の貸倒れ

　その個別評価金銭債権の貸倒れによる損失の額から、その個別評価金銭債権に係る貸倒引当金勘定の金額でその事業年度の益金の額に算入される金額を控除した金額

(2) 繰延ヘッジ処理を適用している場合のヘッジ対象資産の譲渡

　ヘッジ対象資産の譲渡により生じた損失の額から、直近の有効性判定におけるデリバティブ取引等に係る利益額に相当する金額を控除した金額（デリバティブ取引等に係る損失額に相当する金額がある場合には、そのヘッジ対象資産の譲渡により生じた損失の額にその損失相当額を加算した金額）

(3) 時価ヘッジ処理を適用している売買目的外有価証券の譲渡

　売買目的外有価証券の譲渡直前の帳簿価額を譲渡事業年度の前事業年度における時価ヘッジ処理後の売買目的外有価証券の帳簿価額とした場合に、その帳簿価額がその譲渡による対価の額を超えるときのその超える部分の金額

(4) 法人税法61条の13第1項に規定する譲渡損益調整資産に係る譲渡損失額相当額が、一定事由により実現する場合

　一定事由に起因して、法人税法61条の13第2項から第4項までの規定により、損金の額に算入されることとなる譲渡損失額相当額

(5) 資産調整勘定を有する法人を被合併法人とする非適格合併を行った場合又はその法人の残余財産が確定した場合（「非適格合併等」といいます）において、その合併の日の前日又は残余財産の確定の日の属する事業年度において、その資産調整勘定の金額を減額すべきこととなった場合

　次の①から、②から⑤の金額の合計額を控除した金額

① 　非適格合併等により減額すべきこととなった資産調整勘定の金額に相当する金額

② 非適格合併等により減額すべきこととなった退職給与負債調整勘定の金額
③ 非適格合併等により減額すべきこととなった短期重要負債調整勘定の金額
④ 非適格合併等により減額すべきこととなった差額負債調整勘定の金額
⑤ その非適格合併に係る合併法人が有することとなった資産調整勘定の金額

3. 特定引継資産の譲渡又は評価換えによる損失の額

　特定引継資産の譲渡等による利益の額にあっては、特定引継資産の譲渡に係る対価の額が譲渡直前の帳簿価額を超える場合におけるその超える部分の金額をいい、特定引継資産の評価換えによる利益の額にあっては、その評価換えの直後の帳簿価額が、その評価換えの直前の帳簿価額を超える場合におけるその超える部分の金額に相当する金額をいいます（法令123の8⑩）。

(1) 譲渡の場合

譲渡による利益の額 ＝ 譲渡対価 － 譲渡直前の税務上の帳簿価額

（注）譲渡対価の場合 ＞ 譲渡直前の税務上の帳簿価額

(2) 評価換えの場合

評価換えによる利益の額 ＝ 評価換え等の直後の税務上の帳簿価額 － 評価換え等の直前の税務上の帳簿価額

（注）評価換え等の直後の税務上の帳簿価額の場合 ＞ 評価換え等の直前の税務上の帳簿価額

4. 特定引継資産の譲渡又は評価換えによる利益の額の調整

　特定引継資産の譲渡又は評価換えが、次に掲げるものであるときは、その利益の額は次に定める金額とすることとされています（法令123の8⑪）。

(1) 法人税法61条の13第1項に規定する譲渡損益調整資産に係る譲渡利益額相当額が、一定事由により実現する場合

　一定事由に起因して、法人税法61条の13第2項から第4項までの規定により、

益金の額に算入されることとなる譲渡利益額相当額

(2) 特定引継資産の譲渡につき、収用等に伴い代替資産を取得した場合の課税の特例等（措法64〜65の5の2）、特定の資産の買換えの場合の課税の特例等（措法65の7〜66の2）の規定により損金の額に算入された金額がある場合

その損金算入額を譲渡に係る対価の額から控除する

(3) 特定引継資産の譲渡に伴い設けた租税特別措置法に規定する特別勘定の金額が連結納税の開始等又は非適格株式交換等に伴って益金の額に算入されることとなった場合

その特別勘定の金額につき、益金の額に算入する金額

5. 特定保有資産の譲渡等特定事由による損失の額

特定引継資産の譲渡等特定事由による損失の額と基本的に同様です（法令123の8⑭）。

6. 特定保有資産の譲渡等特定事由による損失の額の調整

特定引継資産の譲渡等特定事由による損失の額の調整と基本的に同様です（法令123の8⑭）。

7. 特定保有資産の譲渡又は評価換えによる利益の額

特定引継資産の譲渡又は評価換えによる利益の額と基本的に同様です（法令123の8⑭）。

8. 特定保有資産の譲渡又は評価換えによる利益の額の調整

特定引継資産の譲渡又は評価換えによる利益の額の調整と基本的に同様です（法令123の8⑭）。

第３章　繰越欠損金等の取扱い

Q2-67　特定資産譲渡等損失額の計算の特例

支配関係のある法人間の適格合併等の場合で、一定の要件を満たさないときは、特定資産譲渡等損失額の損金算入制限が課されますが、被合併法人及び合併法人の支配関係事業年度の前事業年度終了時に有する資産について含み益があるときは、特定資産譲渡等損失の損金算入制限を緩和する特例があると聞きました。特定資産譲渡等損失の損金算入制限の緩和の特例について教えてください。

Answer

被合併法人及び合併法人の支配関係事業年度の前事業年度終了時に有する資産について含み益があるときは、その時価評価額等の状況に応じて、特定資産譲渡等損失額の損金算入制限が緩和されます。

解　説

支配関係のある法人間の適格合併若しくは非適格合併で完全支配関係のある法人間の取引による譲渡損益の繰延べ（法法61の13①）の適用があるもの（「適格合併等」といいます）で、被合併法人と合併法人の支配関係が、合併法人の合併事業年度開始の日の５年前の日（又は設立日のいずれか遅い日）後に生じている場合で、かつ、みなし共同事業要件を満たさないときは、特定資産譲渡等損失の損金算入制限が課されます（法法62の７①）。

支配関係のある法人間の適格合併等における特定資産譲渡等損失の損金算入制限は、企業グループ内の法人間で、資産の含み損と課税所得を相殺することにより、不当な租税回避行為をすることを防止するために設けられているものです。したがって、含み損のある資産を有する法人が、十分な含み益のある資産を保有しているような場合等、適格合併等をしなくとも、自社で資産の含み損を使用することが可能な場合には、特定資産譲渡等損失の損金算入制限を課す必要はないと考えられます。

第2編　合併

そのため、以下の場合には、特定資産譲渡等損失の損金算入制限が緩和されています（法令123の9）。

1. 特定引継資産に係る譲渡等損失額の特例
(1) 時価純資産価額が簿価純資産価額以上である場合（法令123の9①一）
　被合併法人の支配関係事業年度の前事業年度終了の時における時価純資産価額が、簿価純資産価額以上である場合には、特定引継資産に係る譲渡等損失額はないものとされます。

　なお、時価純資産価額と簿価純資産価額は次のように計算されます。

時価純資産価額 ＝ その有する資産の時価の合計額 － その有する負債の時価の合計額
（注）負債には新株予約権に係る義務が含まれます。
簿価純資産価額 ＝ その有する資産の税務上の帳簿価額の合計額 － その有する負債の税務上の帳簿価額の合計額

(2) 時価純資産価額が簿価純資産価額に満たない場合（法令123の9①二）
　被合併法人の支配関係事業年度の前事業年度終了の時における時価純資産価額が、簿価純資産価額に満たない場合には、適用期間内の日の属する事業年度におけるその事業年度の適用期間の特定引継資産譲渡等損失額は、その特定引継資産譲渡等損失のうち、その満たない部分の金額（「簿価純資産超過額」といいます）から、次の①及び②に掲げる金額の合計額を控除した金額に達するまでの金額とされます。

① 　簿価純資産超過額がある場合の繰越欠損金の引継制限の特例の適用を受けている場合に、その特例の計算において、特定資産譲渡等損失相当額のうち簿価純資産超過額に相当する金額を構成するものとされた部分に相当する金額の合計額

② その事業年度前の適用期間内の日の属する各事業年度の特定引継資産譲渡等損失の合計額

2. 特定保有資産に係る譲渡等損失額の特例
(1) 時価純資産価額が簿価純資産価額以上である場合(法令123の9④、①一)
　合併法人の支配関係事業年度の前事業年度終了の時における時価純資産価額が、簿価純資産価額以上である場合には、特定保有資産に係る譲渡等損失額はないものとされます。

(2) 時価純資産価額が簿価純資産価額に満たない場合(法令123の9④、①二)
　合併法人の支配関係事業年度の前事業年度終了の時における時価純資産価額が、簿価純資産価額に満たない場合には、適用期間内の日の属する事業年度におけるその事業年度の適用期間の特定保有資産譲渡等損失額は、その特定保有資産譲渡等損失額のうち、その満たない部分の金額（「簿価純資産超過額」といいます）から、次の①及び②に掲げる金額の合計額を控除した金額に達するまでの金額とされます。

① 簿価純資産超過額がある場合の繰越欠損金の使用制限の特例の適用を受けている場合に、その特例の計算において、特定資産譲渡等損失相当額のうち簿価純資産超過額に相当する金額を構成するものとされた部分に相当する金額の合計額
② その事業年度前の適用期間内の日の属する各事業年度の特定保有資産譲渡等損失の合計額

3. 特例の適用要件（法令123の9②、法規27の15の2①）
　上記1及び2の特例は、適格合併に係る合併法人が、合併事業年度の確定申告書に、特例による特定資産譲渡等損失額の計算に関する明細書を添付し、かつ、時価純資産価額の算定の基礎となる事項を記載した書類等を保存している

第2編　合併

場合に限り適用されます。

　なお、前述の明細書の添付がない確定申告書の提出があった場合又は前述の書類の保存がない場合においても、その明細書の添付又は書類の保存がなかったことについてやむを得ない事情があると認めるときは、その明細書及びその書類の提出があった場合に限り、特例が適用されます。

第3章 繰越欠損金等の取扱い

Q2-68 時価純資産価額が簿価純資産価額以上である場合

A社を被合併法人、B社を合併法人とする適格合併を行いました。A社とB社の支配関係は合併事業年度開始の日の5年前の日後に生じており、かつ、みなし共同事業要件を満たしていませんので、特定資産譲渡等損失の損金算入制限が課されます。

適用期間はX1年、X2年、X3年であり、各期間における特定引継資産の譲渡等損失及び譲渡等利益、特定保有資産の譲渡等損失及び譲渡等利益は下表のとおりであり、また、被合併法人A社及び合併法人B社の支配関係事業年度の前事業年度終了の時における時価純資産価額は簿価純資産価額以上です。この場合、特定資産譲渡等損失額の計算はどのように行うのでしょうか。

(特定引継資産)

	X1年	X2年	X3年	合計
譲渡等損失	△1,000	△500	△500	△2,000
譲渡等利益	500	1,000	1,000	2,500

(特定保有資産)

	X1年	X2年	X3年	合計
譲渡等損失	△1,000	△1,000	△500	△2,500
譲渡等利益	500	500	1,000	2,000

Answer

特定資産譲渡等損失額の損金算入制限は課されません。

解説

被合併法人の支配関係事業年度の前事業年度終了の時における時価純資産価額が簿価純資産価額以上である場合には、特定引継資産譲渡等損失額はないものとされます（法令123の9①一）。

また、合併法人の支配関係事業年度の前事業年度終了の時における時価純資産価額が簿価純資産価額以上である場合には、特定保有資産譲渡等損失額はな

第2編 合併

いものとされます（法令123の9④、①一）。

　本件においては、被合併法人A社及び合併法人B社の支配関係事業年度の前事業年度終了の時における時価純資産価額が簿価純資産価額以上であるため、特定引継資産譲渡等損失額及び特定保有資産譲渡等損失額はないものとされます。したがって、特定資産譲渡等損失の損金算入制限は課されません。

第3章　繰越欠損金等の取扱い

Q2-69　時価純資産価額が簿価純資産価額に満たない場合

A社を被合併法人、B社を合併法人とする適格合併を行いました。被合併法人A社と合併法人B社は合併時に繰越欠損金は有していませんが、A社とB社の支配関係は合併事業年度開始の日の5年前の日後に生じており、かつ、みなし共同事業要件を満たしていませんので、特定資産譲渡等損失の損金算入制限が課されます。

適用期間はX1年、X2年、X3年であり、各期間における特定引継資産の譲渡等損失及び譲渡等利益、特定保有資産の譲渡等損失及び譲渡等利益は下表のとおりです。また、被合併法人A社と合併法人B社は、支配関係事業年度の前事業年度終了の時において、それぞれ簿価純資産超過額が生じています。この場合、特定資産譲渡等損失額の計算はどのように行うのでしょうか。

（被合併法人A社の支配関係事業年度の前事業年度終了の時の時価純資産価額と簿価純資産価額）

時価純資産価額	簿価純資産価額	簿価純資産超過額
500	800	△300

（特定引継資産）

	X1年	X2年	X3年	合計
譲渡等損失	△1,000	△500	△500	△2,000
譲渡等利益	500	1,000	1,000	2,500

（合併法人B社の支配関係事業年度の前事業年度終了の時の時価純資産価額と簿価純資産価額）

時価純資産価額	簿価純資産価額	簿価純資産超過額
1,300	2,000	△700

（特定保有資産）

	X1年	X2年	X3年	合計
譲渡等損失	△1,000	△1,000	△500	△2,500
譲渡等利益	500	500	1,000	2,000

Answer

特定引継資産譲渡等損失のうち、被合併法人A社の簿価純資産超過額に達す

第2編　合併

るまでの金額及び特定保有資産譲渡等損失のうち、合併法人Ｂ社の簿価純資産超過額に達するまでの金額について、特定資産譲渡等損失の損金算入制限が課されます。

解　説

　特定資産譲渡等損失額は、次の金額の合計額とされます（法法62の7②）。

(1)　特定引継資産譲渡等損失額
(2)　特定保有資産譲渡等損失額

　ここで、特定引継資産譲渡等損失額と特定保有資産譲渡等損失額は、それぞれの区分ごとに計算を行います。
　具体的には、それぞれの区分ごとに譲渡等損失額から譲渡等利益額を控除して計算します。なお、譲渡等損失額よりも譲渡等利益額が大きい場合には、譲渡等損失額はゼロとなります（マイナスとして他方の区分の譲渡等損失と通算することはできません）。
　なお、被合併法人の支配関係事業年度の前事業年度終了の時における時価純資産価額が簿価純資産価額に満たない場合には特例により、特定引継資産譲渡等損失額は、簿価純資産超過額に達するまでの金額とされます。つまり、特定引継資産譲渡等損失額のうち簿価純資産超過額を超える部分の金額について損金算入制限は課されません（法令123の9①二）。
　また、合併法人の支配関係事業年度の前事業年度終了の時における時価純資産価額が簿価純資産価額に満たない場合には特例により、特定保有資産譲渡等損失額は、簿価純資産超過額に達するまでの金額とされます。つまり、特定保有資産譲渡等損失額のうち簿価純資産超過額を超える部分の金額について損金算入制限は課されません（法令123の9④、①二）。
　本件における各事業年度の特定資産譲渡等損失額は次のように計算されます。

第3章　繰越欠損金等の取扱い

(X1年)
① 特定引継資産譲渡等損失額 △300（譲渡等損失△1,000 －譲渡等利益 500＝△500 ＞簿価純資産超過額△300）
② 特定保有資産譲渡等損失額 △500（譲渡等損失△1,000 －譲渡等利益 500＝△500 ＜簿価純資産超過額△700）
③ 特定資産譲渡等損失額 △800（①＋②）

(X2年)
① 特定引継資産譲渡等損失額 0（譲渡等損失△500 －譲渡等利益 1,000＝500 → 0）
② 特定保有資産譲渡等損失額 △200（譲渡等損失△1,000 －譲渡等利益 500＝△500 ＞簿価純資産超過額△200（簿価純資産超過額△700 － X1年の特定保有資産譲渡等損失額△500＝△200））
③ 特定資産譲渡等損失額 △200（①＋②）

(X3年)
① 特定引継資産譲渡等損失額 0（譲渡等損失△500 －譲渡等利益 1,000＝500 → 0）
② 特定保有資産譲渡等損失額 0（譲渡等損失△500 －譲渡等利益 1,000＝500 → 0）
③ 特定資産譲渡等損失額 0（①＋②）

第2編　合併

第❹節　支配関係発生日

Q2-70　支配関係の継続

支配関係のある法人間の適格合併若しくは非適格合併で完全支配関係のある法人間の取引による譲渡損益の繰延べの適用があるものが行われた場合において、被合併法人と合併法人との間に一定の支配関係の継続がある場合には、繰越欠損金の引継・使用制限、特定資産譲渡等損失の損金算入制限は課されないと聞きました。この支配関係の継続について教えてください。

Answer

被合併法人及び合併法人との間に、合併法人の合併事業年度開始の日の5年前の日、被合併法人の設立の日若しくは合併法人の設立の日のうち最も遅い日から継続して支配関係がある場合には、繰越欠損金の引継・使用制限、特定資産譲渡等損失の損金算入制限は課されません。

解　説

被合併法人及び合併法人との間に、次に掲げる日のうち最も遅い日から継続して支配関係がある場合には、繰越欠損金の引継・使用制限、特定資産譲渡等損失の損金算入制限は課されません（法法57③、④、62の7①）。

(1) 合併法人の合併事業年度開始の日の5年前の日
(2) 被合併法人の設立の日
(3) 合併法人の設立の日

ただし、(2)と(3)の場合には、新設法人を介在させる租税回避行為を防止する観点から一定の制限が課されていますので留意が必要です（法令112④二、⑥、123の8①二）。

第3章　繰越欠損金等の取扱い

Q2-71　合併法人の合併事業年度開始の日の5年前の日から継続して支配関係がある場合

A社は12月決算法人であり、X1年8月1日に、支配関係のないC社より、B社の発行済株式の100％を購入し子会社化しました。その後、X7年8月1日にB社を被合併法人、A社を合併法人とする適格合併を行いました。この場合、繰越欠損金の引継・使用制限、特定資産譲渡等損失の損金算入制限は課されるのでしょうか。

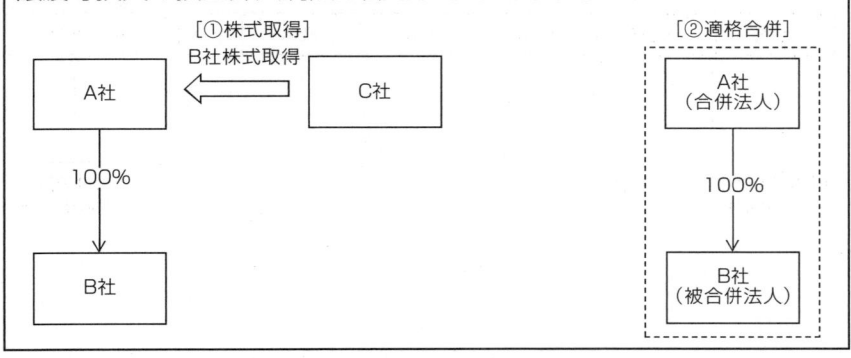

［①株式取得］
B社株式取得
A社 ← C社
A社 100％ → B社

［②適格合併］
A社（合併法人）100％ → B社（被合併法人）

Answer

被合併法人B社と合併法人A社との間に、A社の合併事業年度開始の日の5年前の日から継続して支配関係があるため、繰越欠損金の引継・使用制限、特定資産譲渡等損失の損金算入制限は課されません。

解　説

被合併法人及び合併法人との間に、合併法人の合併事業年度開始の日の5年前の日から継続して支配関係がある場合には、繰越欠損金の引継・使用制限、特定資産譲渡等損失の損金算入制限は課されません（法法57③、④、62の7①）。

本件における被合併法人B社と合併法人A社の支配関係発生日は、A社がB社を子会社化したX1年8月1日となります。したがって、被合併法人B社と合併法人A社との間に、A社の合併事業年度開始の日（X7年1月1日）の

第2編　合併

5年前の日（X2年1月2日）から継続して支配関係があるため、繰越欠損金の引継・使用制限、特定資産譲渡等損失の損金算入制限は課されません。

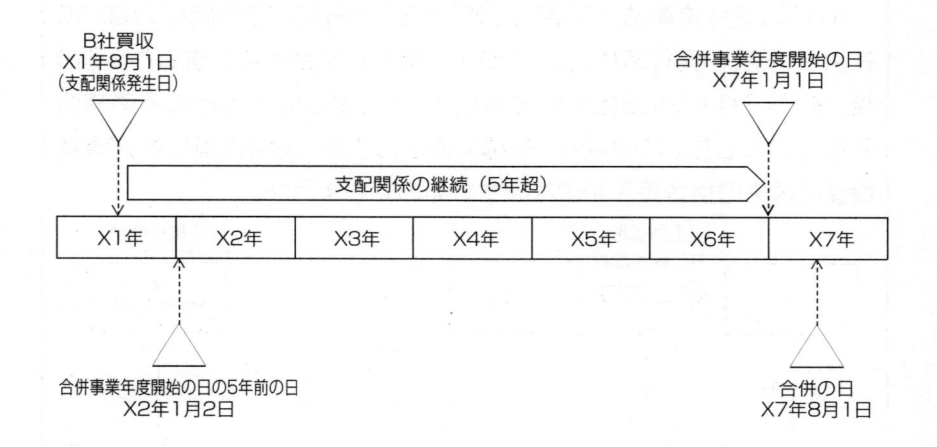

```
         B社買収                                      合併事業年度開始の日
         X1年8月1日                                    X7年1月1日
         (支配関係発生日)
            ▽                                            ▽
         ┌─────────支配関係の継続（5年超）─────────▶
         ┌─────┬─────┬─────┬─────┬─────┬─────┬─────┐
         │ X1年 │ X2年 │ X3年 │ X4年 │ X5年 │ X6年 │ X7年 │
         └─────┴─────┴─────┴─────┴─────┴─────┴─────┘
                  △                                      △
         合併事業年度開始の日の5年前の日              合併の日
              X2年1月2日                            X7年8月1日
```

Q2-72 被合併法人の設立の日から継続して支配関係がある場合

A社は12月決算法人であり、X1年1月1日に金銭出資によりB社を設立しました。その後、X4年1月1日にB社を被合併法人、A社を合併法人とする適格合併を行いました。この場合、繰越欠損金の引継・使用制限、特定資産譲渡等損失の損金算入制限は課されるのでしょうか。

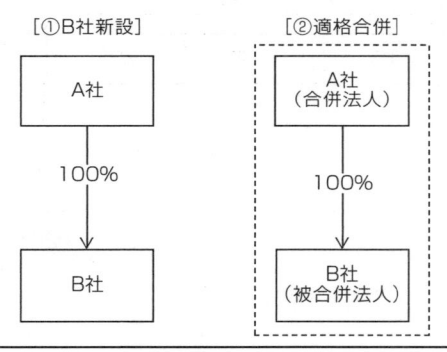

[①B社新設]

A社 →100%→ B社

[②適格合併]

A社（合併法人） →100%→ B社（被合併法人）

Answer

被合併法人B社と合併法人A社との間に、被合併法人B社の設立の日から継続して支配関係があるため、繰越欠損金の引継・使用制限、特定資産譲渡等損失の損金算入制限は課されません。

解説

被合併法人及び合併法人との間に、被合併法人の設立の日から継続して支配関係がある場合には、繰越欠損金の引継・使用制限、特定資産譲渡等損失の損金算入制限は課されません（法法57③、④、62の7①）。

本件における被合併法人B社と合併法人A社の支配関係発生日は、A社がB社を金銭出資により設立したX1年1月1日となります。したがって、被合併法人B社と合併法人A社との間に、被合併法人B社の設立の日から継続し

第2編 合併

て支配関係があるため、繰越欠損金の引継・使用制限、特定資産譲渡等損失の損金算入制限は課されません。

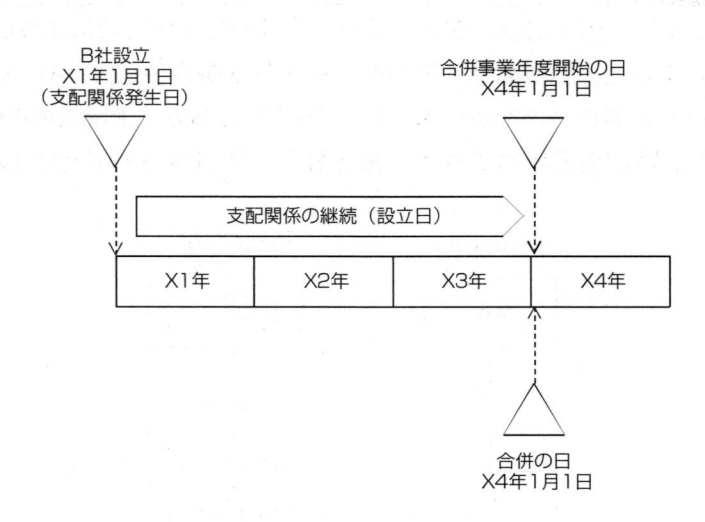

```
      B社設立                           合併事業年度開始の日
    X1年1月1日                            X4年1月1日
  （支配関係発生日）
        ▽                                    ▽
        ┊                                    ┊
        ┊    ┌─────支配関係の継続（設立日）─────┐
        ┊    │                                │
        ↓    │                                ↓
    ┌──────┬──────┬──────┬──────┐
    │ X1年 │ X2年 │ X3年 │ X4年 │
    └──────┴──────┴──────┴──────┘
                            ↑
                            ┊
                            △
                         合併の日
                        X4年1月1日
```

第3章 繰越欠損金等の取扱い

Q2-73 合併法人の設立の日から継続して支配関係がある場合

A社は12月決算法人であり、X1年1月1日に金銭出資によりB社を設立し、X2年1月1日に金銭出資によりC社を設立しました。その後、X5年1月1日に、B社を被合併法人、C社を合併法人とする適格合併を行いました。この場合、繰越欠損金の引継・使用制限、特定資産譲渡等損失の損金算入制限は課されるのでしょうか。

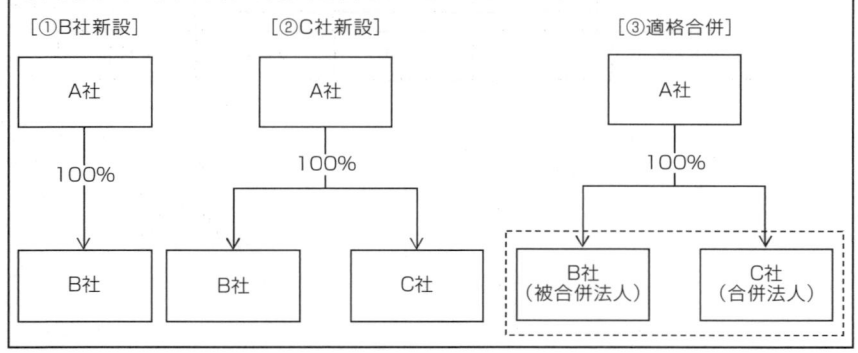

［①B社新設］　　　［②C社新設］　　　［③適格合併］

```
    A社              A社                  A社
    │               ╱  ╲                 ╱  ╲
   100%          100%   100%          100%   100%
    │             ╱      ╲             ╱      ╲
   B社          B社      C社        B社       C社
                                   (被合併法人) (合併法人)
```

Answer

被合併法人B社と合併法人C社との間に、合併法人C社の設立の日から継続して支配関係があるため、繰越欠損金の引継・使用制限、特定資産譲渡等損失の損金算入制限は課されません。

解説

被合併法人及び合併法人との間に、合併法人の設立の日から継続して支配関係がある場合には、繰越欠損金の引継・使用制限、特定資産譲渡等損失の損金算入制限は課されません（法法57③、④、62の7①）。

本件における被合併法人B社と合併法人C社の支配関係発生日は、A社がC社を金銭出資により設立したX2年1月1日となります。したがって、被合併法人B社と合併法人C社との間に、合併法人C社の設立の日から継続して

第2編 合併

支配関係があるため、繰越欠損金の引継・使用制限、特定資産譲渡等損失の損金算入制限は課されません。

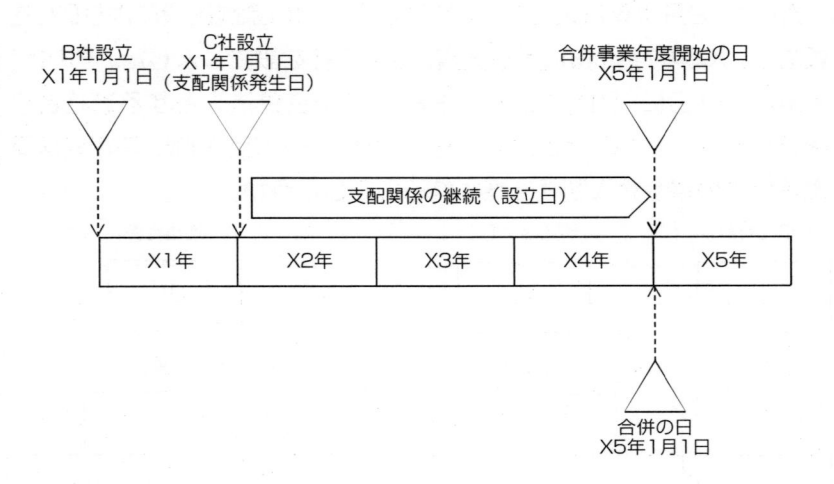

```
B社設立              C社設立                              合併事業年度開始の日
X1年1月1日           X1年1月1日                           X5年1月1日
                    (支配関係発生日)
   ▽                    ▽                                   ▽
   ┊                    ┊                                   ┊
   ┊                    ┊    ┌────支配関係の継続(設立日)────┐  ┊
   ┊                    ┊                                   ┊
 ┌─────┬─────┬─────┬─────┬─────┐
 │ X1年 │ X2年 │ X3年 │ X4年 │ X5年 │
 └─────┴─────┴─────┴─────┴─────┘
                                              ┊
                                              △
                                           合併の日
                                           X5年1月1日
```

Q2-74 支配関係の継続があるとはされない場合

支配関係の継続の判定において、「被合併法人の設立の日」若しくは「合併法人の設立の日」から継続して支配関係がある場合であっても、支配関係の継続があるとはされない場合があると聞きました。どのような場合に、支配関係の継続があるとされないのでしょうか。

Answer

被合併法人と合併法人との間に「被合併法人の設立の日」若しくは「合併法人の設立の日」から継続して支配関係がある場合であっても、新設法人を介在させることにより、欠損金等を利用する租税回避行為を防止する観点から、新設法人を介在させる一定の再編行為を行ったときには支配関係の継続がないものとされます。

解説

被合併法人及び合併法人との間に、被合併法人の設立の日若しくは合併法人の設立の日から継続して支配関係がある場合には、繰越欠損金の引継・使用制限、特定資産譲渡等損失の損金算入制限は課されません（法法57③、④、62の7①）。

ただし、新設法人を介在させて、欠損金等を利用する租税回避行為を防止する観点から、新設法人を介在させる一定の再編行為を行った場合には、支配関係の継続がないものとされます（法令112④、⑥、123の8①）。

欠損金の引継制限に関しては、次の再編行為を行った場合には、支配関係の継続がないものとされています（法令112④二）。

(1) 二段階適格合併（法令112④二イ）

① 内国法人との間に支配関係がある他の内国法人を被合併法人とする適格合併で、その被合併法人を設立するものが行われていた場合（同日がその5年前の日以前である場合を除きます）

第2編　合併

[例]

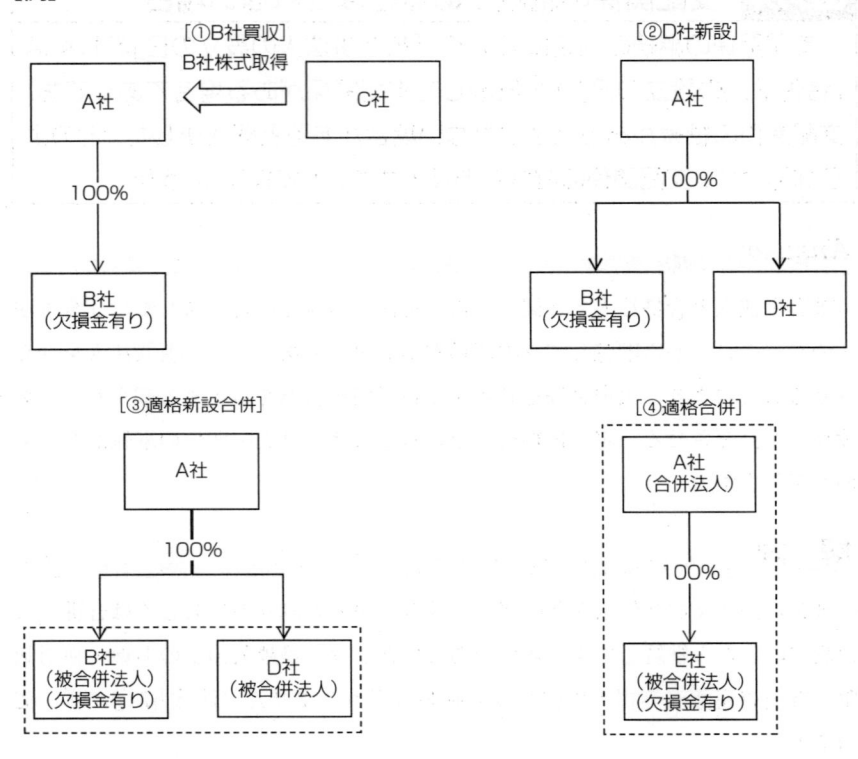

[①B社買収]　B社株式取得　A社 ← C社
A社 100% → B社（欠損金有り）

[②D社新設]
A社 100% → B社（欠損金有り）、D社

[③適格新設合併]
A社 100% → B社（被合併法人）（欠損金有り）、D社（被合併法人）

[④適格合併]
A社（合併法人） 100% → E社（被合併法人）（欠損金有り）

　つまり、合併法人が欠損金を有する法人を買収し、5年超の支配関係の継続がないうちに、適格新設合併により内国法人を設立して欠損金を引き継いだうえで、さらに、その新設法人を被合併法人とする適格合併を行うような場合には、支配関係の継続がないとされます。

②　内国法人との間に支配関係がある他の内国法人を被合併法人とする適格合併で、その内国法人と他の内国法人との間に最後に支配関係があることとなった日以後に設立された被合併法人を合併法人とするものが行われていた場合（同日がその5年前の日以前である場合を除きます）

第3章 繰越欠損金等の取扱い

[例]

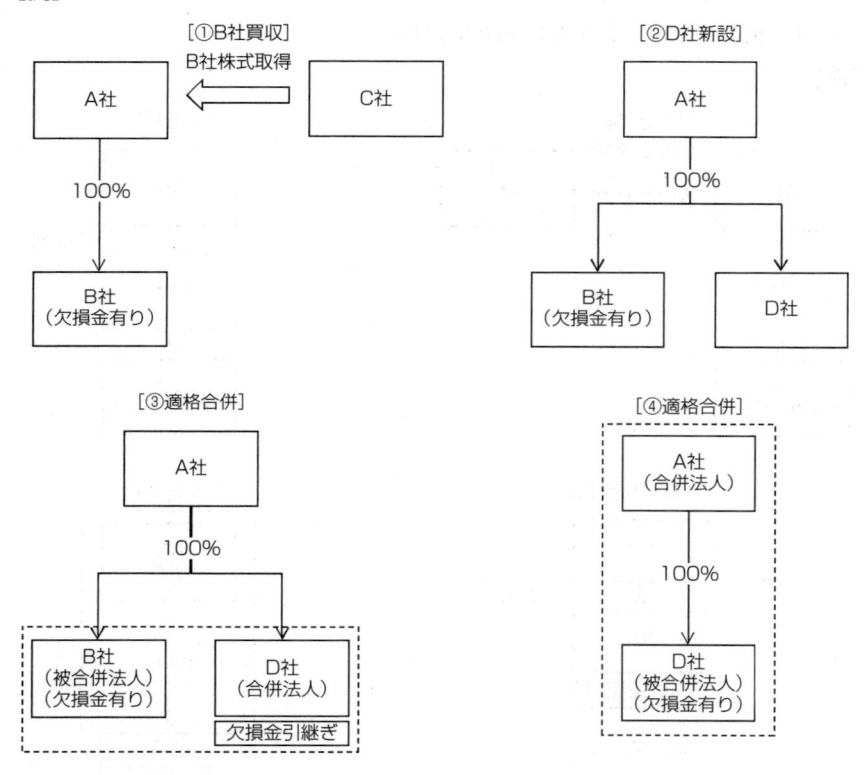

[①B社買収] B社株式取得：C社 → A社、A社 100% → B社（欠損金有り）

[②D社新設]：A社 100% → B社（欠損金有り）、D社

[③適格合併]：A社 100% → B社（被合併法人）（欠損金有り）、D社（合併法人）　欠損金引継ぎ

[④適格合併]：A社（合併法人）100% → D社（被合併法人）（欠損金有り）

　つまり、合併法人が欠損金を有する法人を買収し、5年超の支配関係の継続がないうちに買収法人を被合併法人、新設法人を合併法人とする適格合併を行い、その新設法人に欠損金を引き継いだうえで、その新設法人を被合併法人とする適格合併を行うような場合に、支配関係の継続がないとされます。

(2) 解散後（残余財産確定後）の適格合併（法令112④二イ）

　内国法人と他の内国法人との間に最後に支配関係があることとなった日以後に設立されたその被合併法人との間に完全支配関係がある他の内国法人（内国法人との間に支配関係があるものに限ります）でその被合併法人が発行済株式

- 199 -

第2編 合併

又は出資の全部又は一部を有するものの残余財産が確定していた場合（同日がその5年前の日以前である場合を除きます）

[例]

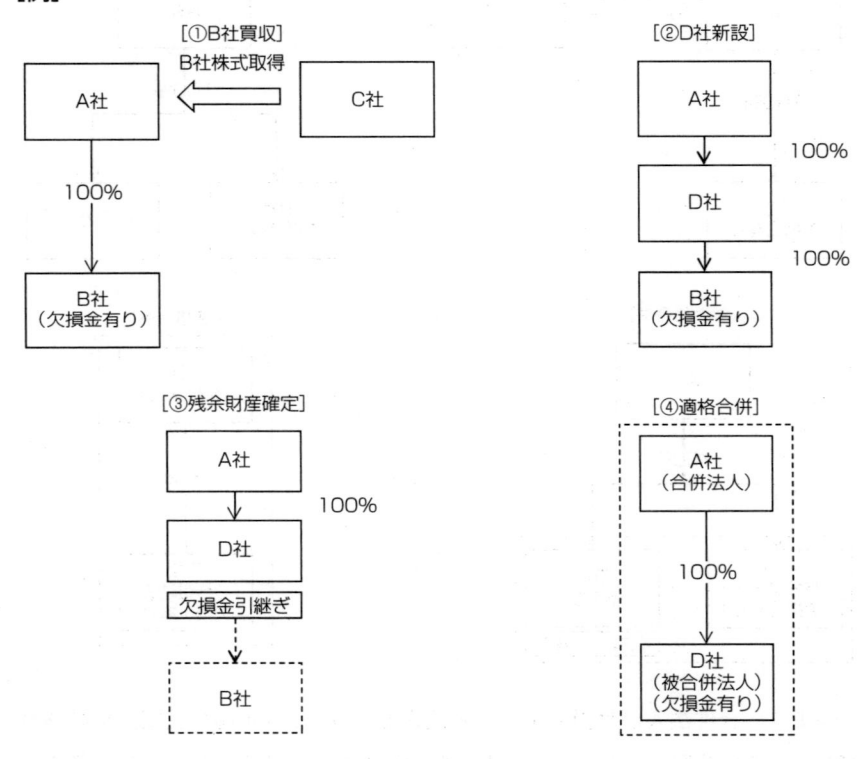

[①B社買収]
B社株式取得
C社 → A社
A社 ──100%──→ B社（欠損金有り）

[②D社新設]
A社 ──100%──→ D社 ──100%──→ B社（欠損金有り）

[③残余財産確定]
A社 ──100%──→ D社
欠損金引継ぎ
↓
B社

[④適格合併]
A社（合併法人）──100%──→ D社（被合併法人）（欠損金有り）

　つまり、合併法人が欠損金を有する法人を買収し、5年超の支配関係の継続がないうちに、内国法人を設立し、その買収法人との間に完全支配関係を有することとさせたうえで、その買収法人を解散することにより新設法人に繰越欠損金を引き継ぎ、さらにその新設法人を被合併法人とする適格合併を行うような場合に、支配関係の継続がないとされます。

第3章　繰越欠損金等の取扱い

(3) 二段階適格組織再編（法令112④二ロ）

① 被合併法人との間に支配関係がある他の内国法人を被合併法人、分割法人、現物出資法人又は現物分配法人とする適格組織再編成等で、その内国法人を設立するものが行われていた場合（同日がその5年前の日以前である場合を除きます）

[例]

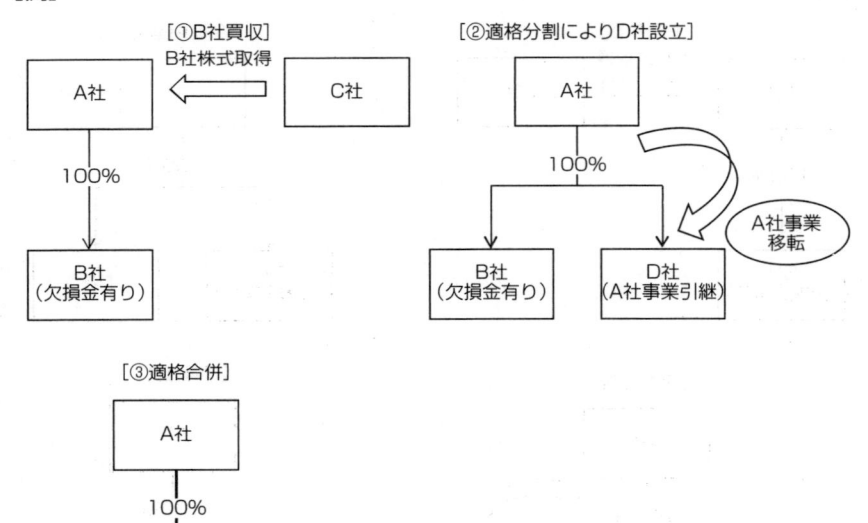

［①B社買収］
B社株式取得
A社 ← C社
A社 —100%→ B社（欠損金有り）

［②適格分割によりD社設立］
A社
100%
B社（欠損金有り）／D社（A社事業引継）
A社事業移転

［③適格合併］
A社
100%
B社（被合併法人）（欠損金有り）／D社（合併法人）

　つまり、他の内国法人が欠損金を有する法人を買収し、5年超の支配関係の継続がないうちに、内国法人を適格分割等により設立して、他の内国法人の事業をその内国法人に引き継がせ、その後、買収法人を被合併法人、その内国法人を合併法人とする適格合併を行うような場合に、支配関係の継続がないとされます。

第2編 合併

② 被合併法人との間に支配関係がある他の法人を被合併法人、分割法人、現物出資法人又は現物分配法人とする適格組織再編成等で、その被合併法人と他の法人との間に最後に支配関係があることとなった日以後に設立されたその内国法人を合併法人、分割承継法人、被現物出資法人とするものが行われていた場合（同日がその5年前の日以前である場合を除きます）

[例]

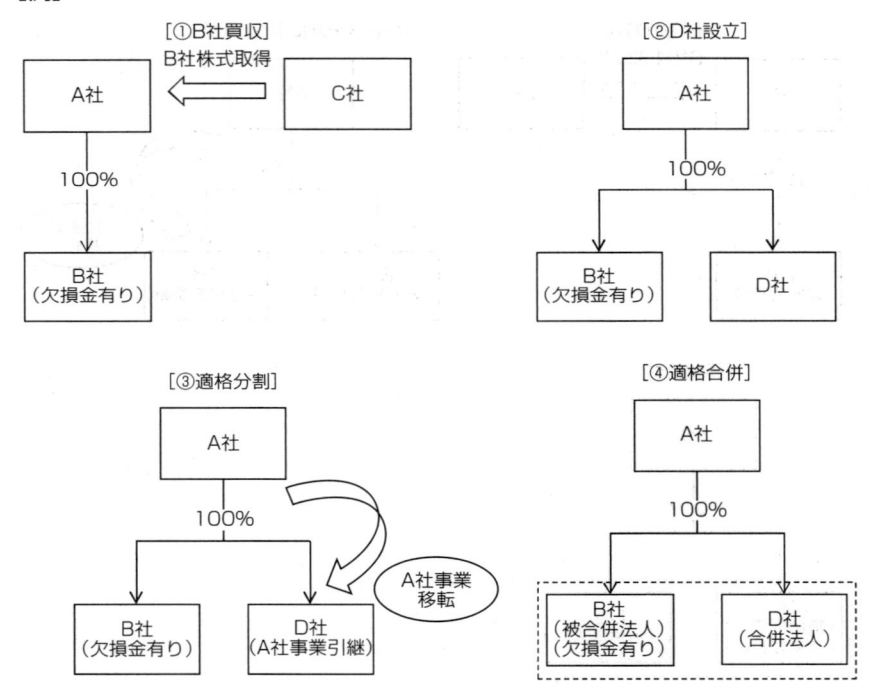

[①B社買収]　B社株式取得　C社 → A社　A社 100% → B社（欠損金有り）

[②D社設立]　A社 100% → B社（欠損金有り）、D社

[③適格分割]　A社 100% → B社（欠損金有り）、D社（A社事業引継）　A社事業移転

[④適格合併]　A社 100% → B社（被合併法人）（欠損金有り）、D社（合併法人）

　つまり、他の内国法人が欠損金を有する法人を買収し、5年超の支配関係の継続がないうちに、内国法人を設立し、その内国法人に適格分割等により、他の内国法人の事業をその内国法人に引き継がせ、その後、買収法人を被合併法人、その内国法人を合併法人とする適格合併を行うような場合に、支配関係の継続がないとされます。

第❺節 みなし共同事業要件

Q2-75 みなし共同事業要件
みなし共同事業要件について教えてください。

Answer

支配関係のある法人間の適格合併若しくは非適格合併で完全支配関係のある法人間の取引による譲渡損益の繰延べの適用があるものが行われた場合において、みなし共同事業要件を満たすときは、繰越欠損金の引継・使用制限及び特定資産譲渡等損失の損金算入制限は課されません。

解　説

支配関係のある法人間の適格合併若しくは非適格合併で完全支配関係のある法人間の取引による譲渡損益の繰延べ（法法61の13①）の適用があるものが行われた場合において、みなし共同事業要件を満たすときは、繰越欠損金の引継・使用制限及び特定資産譲渡等損失の損金算入制限は課されません。

みなし共同事業要件を満たすには、次の（1）から（3）までの要件又は（1）と（4）の要件を満たす必要があります（法令112③、⑦）。

（1）事業関連性要件

被合併法人の被合併事業（被合併法人の合併前に営む主要な事業）と、合併法人の合併事業（合併法人の合併前に営む事業）とが相互に関連するものであること

（2）事業規模要件

被合併法人の被合併事業と合併法人の合併事業（被合併事業と関連する事業に限ります）のそれぞれの売上金額、従業者の数、被合併法人と合併法人の資

本金の額若しくは出資金の額若しくはこれらに準ずるものの規模の割合が概ね5倍を超えないこと

(3) 事業規模継続要件
① 被合併事業の事業規模継続要件
　被合併事業が、支配関係発生日から、適格合併等の直前の時までの間、継続して営まれており、かつ、支配関係発生日と適格合併等の直前の時における被合併事業の規模（事業規模要件の割合の計算に用いた指標に限ります）の割合が概ね2倍を超えないこと

② 合併事業の事業規模継続要件
　合併事業が、支配関係発生日から、適格合併等の直前の時までの間、継続して営まれており、かつ、支配関係発生日と適格合併等の直前の時における合併事業の規模（事業規模要件の割合の計算に用いた指標に限ります）の割合が概ね2倍を超えないこと

(4) 経営参画要件
　被合併法人の特定役員（社長、副社長、代表取締役、代表執行役、専務取締役、常務取締役又はこれらに準ずる者で法人の経営に従事している者）のいずれかの者（支配関係発生日前に役員であった者に限られます）と合併法人の特定役員のいずれかの者（支配関係発生日前に役員であった者に限られます）とが合併後に合併法人の特定役員になることが見込まれていること

Q2-76 事業関連性要件

みなし共同事業要件における事業関連性要件は、共同事業を営むための合併の税制適格要件における事業関連性要件と違いがあるのでしょうか。

Answer

共同事業を営むための合併の税制適格要件における事業関連性要件と同様です。

解説

みなし共同事業要件における事業関連性要件とは、被合併法人の被合併事業(被合併法人の合併前に営む主要な事業のうちいずれかの事業をいいます)と、合併法人の合併事業(合併法人の合併前に営む事業のうちいずれかの事業をいいます)とが相互に関連するものをいいます(法令112③一、⑦)。

みなし共同事業要件における事業関連性要件の内容は、共同事業を営むための合併の税制適格要件における事業関連性要件と同様です。

第2編　合併

Q2-77 事業規模要件

みなし共同事業要件における事業規模要件は、共同事業を営むための合併の税制適格要件における事業規模要件と違いがあるのでしょうか。

Answer

共同事業を営むための合併の税制適格要件における事業規模要件と同様です。

解　説

みなし共同事業要件における事業規模要件とは、被合併法人の被合併事業と、合併法人の合併事業（被合併事業と関連する事業に限ります）のそれぞれの売上金額、被合併事業と合併事業のそれぞれの従業者の数、被合併法人と合併法人のそれぞれの資本金の額若しくは出資金の額又はこれらに準ずるものの規模の割合が概ね5倍を超えないことをいいます（法令112③二、⑦）。

みなし共同事業要件における事業規模要件の内容は、共同事業を営むための合併の税制適格要件における事業規模要件と同様です。

Q2-78 事業規模継続要件

みなし共同事業要件における事業規模継続要件について教えてください。

Answer

事業規模継続要件は、被合併事業及び合併事業が支配関係発生日から、適格合併の直前までの間、継続して営まれており、かつ、支配関係発生日と適格合併の直前の時における、被合併事業及び合併事業の事業規模の割合が概ね2倍を超えないことをいいます。

解　説

みなし共同事業要件における事業規模継続要件とは、次の要件をいいます（法令112③三、四、⑦）。

① 被合併事業の事業規模継続要件

被合併事業が、支配関係発生日から、適格合併の直前の時までの間、継続して営まれており、かつ、支配関係発生日と適格合併の直前の時における被合併事業の規模（事業規模要件の割合の計算に用いた指標に限ります）の割合が概ね2倍を超えないことをいいます。

なお、その被合併法人が、支配関係発生日から適格合併の直前の時までの間に、その被合併法人を合併法人、分割承継法人又は被現物出資法人（「合併法人等」といいます）とする適格合併、適格分割又は適格現物出資（「適格合併等」といいます）により、被合併事業の全部又は一部の移転を受けている場合には、被合併事業が、その適格合併等の日から、その適格合併の直前の時までの間、継続して営まれており、かつ、支配関係発生時と適格合併の直前の時における被合併事業の規模の割合が概ね2倍を超えないこととされます。

第2編 合併

② 合併事業の事業規模継続要件

合併事業が、支配関係発生日から、適格合併の直前の時までの間、継続して営まれており、かつ、支配関係発生日と適格合併の直前の時における合併事業の規模(事業規模要件の割合の計算に用いた指標に限ります)の割合が概ね2倍を超えないことをいいます。

なお、その合併法人が、支配関係発生日から適格合併の直前の時までの間に、その合併法人を合併法人等とする適格合併等により、被合併事業の全部又は一部の移転を受けている場合には、合併事業が、その適格合併等の日から、その適格合併の直前の時までの間、継続して営まれており、かつ、支配関係発生日と適格合併の直前の時における被合併事業の規模の割合が概ね2倍を超えないこととされます。

第3章 繰越欠損金等の取扱い

Q2-79 経営参画要件

みなし共同事業要件における経営参画要件は、共同事業を営むための合併の税制適格要件における経営参画要件と違いがあるのでしょうか。

Answer

共同事業を営むための合併の税制適格要件における経営参画要件と基本的には同様ですが、被合併法人及び合併法人の特定役員は、支配関係発生日前に役員であった者に限られる点が異なります。

解説

みなし共同事業要件における経営参画要件は、被合併法人の特定役員（社長、副社長、代表取締役、代表執行役、専務取締役、常務取締役又はこれらに準ずる者で法人の経営に従事している者）のいずれかの者（合併法人との間の支配関係発生日前（その被合併法人の設立により支配関係が生じた場合には支配関係発生日）に役員であった者に限られます）と合併法人の特定役員のいずれかの者（被合併法人との支配関係発生日前（その合併法人の設立により支配関係が生じた場合には支配関係発生日）に役員であった者に限られます）とが適格合併後に合併法人の特定役員になることが見込まれていることをいいます（法令112③五）。

みなし共同事業要件における経営参画要件は、共同事業を営むための合併の税制適格要件における経営参画要件と基本的には同様ですが、被合併法人及び合併法人の特定役員であるいずれかの者が両社の支配関係発生日前（被合併法人又は合併法人の設立により支配関係が生じた場合には支配関係発生日）において役員であった者に限られる点が異なりますので留意が必要です。また、ここでいう役員には役員に準ずる者でその法人の経営に従事していた者も含まれます。

第2編　合併

第❻節　3社合併の場合

Q2-80　3社新設適格合併の場合の取扱い

3社新設適格合併を行った場合の、支配関係の有無及びみなし共同事業要件の判定方法を教えてください。

Answer

3社新設適格合併の場合には、被合併法人ごとに、それぞれ他の被合併法人との間で、支配関係の有無及びみなし共同事業要件の判定を行います。

解　説

新設適格合併の場合には、被合併法人と他の被合併法人との間で、支配関係の有無及びみなし共同事業要件の判定を行います（法法57③）。

ここで、3社新設適格合併のように被合併法人が3以上ある場合には、被合併法人ごとに、それぞれ他の被合併法人との間で、支配関係の有無及びみなし共同事業要件の判定を行います。なお、被合併法人と他の被合併法人とのいずれかの間で、繰越欠損金の引継制限の適用がある場合には、その法人間の支配関係が生じた日のうち、最も遅い日の属する事業年度が支配関係事業年度になるとされています（法基通12-1-4）。

例えば、A社、B社、C社の3社間で新設適格合併を行って、合併法人D社を設立する場合における、各社の有する繰越欠損金の引継制限の判定（支配関係の有無及びみなし共同事業要件）は、次のように判定します。

(1) A社の有する繰越欠損金の判定

A社とB社間、A社とC社間のそれぞれの間で、支配関係の有無及びみなし共同事業要件の判定を行い、いずれかの要件を満たした場合に、A社の有する繰越欠損金が合併法人D社に引き継がれます。

（2）Ｂ社の有する繰越欠損金の判定

　Ｂ社とＡ社間、Ｂ社とＣ社間のそれぞれの間で、支配関係の有無及びみなし共同事業要件の判定を行い、いずれかの要件を満たした場合に、Ｂ社の有する繰越欠損金が合併法人Ｄ社に引き継がれます。

（3）Ｃ社の有する繰越欠損金の判定

　Ｃ社とＡ社間、Ｃ社とＢ社間のそれぞれの間で、支配関係の有無及びみなし共同事業要件の判定を行い、いずれかの要件を満たした場合に、Ｃ社の有する繰越欠損金が合併法人Ｄ社に引き継がれます。

　なお、Ａ社の有する繰越欠損金の引継制限が課される場合において、支配関係事業年度がいつになるかという点ですが、Ａ社とＢ社間の支配関係発生日とＡ社とＣ社間の支配関係発生日のいずれか遅い日となります。例えば、Ａ社とＢ社間の支配関係発生日がX1年1月1日でＡ社とＣ社間の支配関係発生日がX2年1月1日の場合には、これらのうち遅い日であるX2年1月1日を含むＡ社の事業年度が支配関係事業年度として繰越欠損金の引継制限を受けることになります。

第2編 合併

Q2-81 3社吸収適格合併の場合の取扱い

3社吸収適格合併を行った場合の、支配関係の有無及びみなし共同事業要件の判定方法を教えてください。

Answer

3社吸収適格合併の場合には、合併法人と各被合併法人との間で、支配関係の有無及びみなし共同事業要件の判定を行います。

解説

3社吸収適格合併の場合には、合併法人と各被合併法人との間で、支配関係の有無及びみなし共同事業要件の判定を行います。

例えば、A社、B社、C社の3社間でA社を合併法人とする3社吸収適格合併を行う場合の、B社及びC社の有する繰越欠損金の引継制限の判定（支配関係の有無及びみなし共同事業要件）は、次のように判定します。

(1) B社の有する繰越欠損金の判定

A社とB社間で、支配関係の有無及びみなし共同事業要件の判定を行い、いずれかの要件を満たした場合に、B社の有する繰越欠損金が合併法人A社に引き継がれます。

(2) C社の有する繰越欠損金の判定

A社とC社間で、支配関係の有無及びみなし共同事業要件の判定を行い、いずれかの要件を満たした場合に、C社の有する繰越欠損金が合併法人A社に引き継がれます。

第4章　非適格合併の課税関係

第❶節　被合併法人の課税関係

Q2-82　被合併法人の税務処理

非適格合併の場合における、被合併法人の税務処理を教えてください。

Answer

被合併法人が非適格合併により、その有する資産及び負債を合併法人に移転したときは、合併時の時価により資産及び負債を合併法人に対して譲渡したものして、移転資産及び負債の譲渡損益を計上します。この場合の被合併法人の税務処理については、合併対価資産を時価で取得し、これをただちに、被合併法人の株主に交付したものとされます。

解　説

非適格合併の場合における被合併法人の税務処理は、合併法人への資産及び負債の移転に係る税務処理と合併対価資産の被合併法人の株主への交付に係る税務処理に大別されます。

1. 合併法人への資産及び負債の移転に係る税務処理

借方	関係法令等	貸方	関係法令等
合併法人の株式	時価（法法62①、法令119①二十六）	資産	帳簿価額（法法62①、法令123の2）
合併交付金等	時価（法法62①）		
負債	帳簿価額（法令123②、③、123の2）		
譲渡損失	差額（法法62②）	譲渡利益	差額（法法62②）

- 213 -

第2編　合併

　被合併法人は、合併対価資産を譲渡対価として、その有する資産及び負債を合併法人に対して譲渡したものとして、移転資産及び負債の譲渡損益を計上します。この税務処理により生じた譲渡利益又は譲渡損失は、被合併法人の最後事業年度の所得金額に加減算されることになります。

2. 合併対価資産の被合併法人の株主への交付

借方	関係法令等	貸方	関係法令等
利益積立金額	別表5(1) 利益積立金額	合併法人の株式	時価（法法62①）
資本金等の額	別表5(1) 資本金等の額	合併交付金等	時価（法法62①）

　被合併法人は、法律上、合併の日に解散することになり、合併法人から取得した合併対価資産を残余財産の分配として被合併法人の株主に交付することになります。この場合、被合併法人の利益積立金額及び資本金等の額が、合併対価資産の交付の原資となりますが、利益積立金額を原資とする部分の金額については、みなし配当として取り扱われることになります。

　なお、この利益積立金及び資本金等の額は、被合併法人の最後事業年度の法人税申告書別表5(1)の期末残高となります（利益積立金額は、最後事業年度の所得、合併による移転資産及び負債の譲渡損益を含み、最後事業年度の未納法人税等を控除した金額となります）。

第4章 非適格合併の課税関係

[処理例]
1. 前提
(1) 被合併法人の合併時の税務上の貸借対照表

資産 （時価	20,000 25,000　）	負債	10,000
		資本金等の額	7,000
		利益積立金額	3,000
資産合計	20,000	負債・純資産合計	20,000

(2) 最後事業年度の課税所得に係る法人税等は考慮しない
(3) みなし配当に係る源泉所得税は考慮しない

2. 処理例（合併対価資産：合併法人株式のみ）

(1) 合併法人への資産及び負債の移転に係る税務処理

| Dr) 合併法人株式 | 15,000 | Cr) 資産 | 20,000 |
| Dr) 負債 | 10,000 | Cr) 譲渡利益 | 5,000 |

(2) 合併対価資産の被合併法人の株主への交付

| Dr) 利益積立金額（注） | 8,000 | Cr) 合併法人株式 | 15,000 |
| Dr) 資本金等の額 | 7,000 | | |

（注）合併前利益積立金額 3,000 ＋ 譲渡利益 5,000

第2編　合併

3. 処理例（合併対価資産：合併法人株式及び合併交付金）

（1）合併法人への資産及び負債の移転に係る税務処理

Dr) 合併法人株式	10,000	Cr) 資産	20,000
Dr) 現金（合併交付金）	5,000	Cr) 譲渡利益	5,000
Dr) 負債	10,000		

（2）合併対価資産の被合併法人の株主への交付

| Dr) 利益積立金額（注） | 8,000 | Cr) 合併法人株式 | 10,000 |
| Dr) 資本金等の額 | 7,000 | Cr) 現金（合併交付金） | 5,000 |

（注）合併前利益積立金額 3,000 ＋譲渡利益 5,000

第4章 非適格合併の課税関係

Q2-83 個別の移転資産等の取扱い

非適格合併による被合併法人の移転資産及び負債の譲渡損益の計算方法について教えてください。

Answer

非適格合併による被合併法人の移転資産及び負債の譲渡損益(譲渡利益額又は譲渡損失額)は、次のように計算されます。

譲渡利益額＝譲渡対価の額(合併対価資産の時価)－譲渡原価の額(簿価純資産価額)

譲渡損失額＝譲渡原価の額(簿価純資産価額)－譲渡対価の額(合併対価資産の時価)

解　説

被合併法人が非適格合併により、その有する資産及び負債を合併法人に移転したときは、合併時の時価により資産及び負債を合併法人に対して譲渡したものとして、移転資産及び負債の譲渡損益を計上します(法法62)。

具体的には、次のように譲渡利益額又は譲渡損失額が計算されることになります。なお、譲渡原価は、移転資産の税務上の帳簿価額から、移転負債の税務上の帳簿価額を控除した金額(税務上の簿価純資産価額)となります。

譲渡利益額＝譲渡対価の額(合併対価資産の時価)－譲渡原価の額(簿価純資産価額)

譲渡損失額＝譲渡原価の額(簿価純資産価額)－譲渡対価の額(合併対価資産の時価)

なお、次に掲げる資産及び負債については、譲渡原価の算定にあたっての取

扱いが個別に定められています。

(1) 未払法人税等

被合併法人が、合併により合併法人に移転する負債には、被合併法人が法人税、道府県民税及び市長村民税（都民税及び均等割を含みます）として納付する金額で、その申告書の提出期限がその合併の日以後であるものを含みます（法令123②）。つまり、被合併法人の最後事業年度の所得に係る未払法人税等（法人税及び法人住民税）は、合併により移転する負債に含まれることになります。

(2) その他の資産

非適格合併に係る移転資産及び負債に、次に掲げるものが含まれている場合には、これらの資産及び負債の金額は、最後事業年度終了の時の税務上の帳簿価額によります（法令123の2）。

① 棚卸資産（低価法の適用を受けたものに限ります）
② 短期売買商品
③ 売買目的有価証券
④ 時価ヘッジ処理の適用を受けた売買目的外有価証券
⑤ 為替換算差額の益金又は損金算入に規定する外貨建資産等

第4章 非適格合併の課税関係

Q2-84 被合併法人が合併法人の株式を保有している場合

非適格合併の場合において、被合併法人が合併法人の株式を保有している場合の被合併法人側の取扱いについて教えてください。

Answer

非適格合併の場合において、被合併法人の移転資産に合併法人株式が含まれている場合には、みなし配当は生じず、株式譲渡損益のみ生じます。

解説

株式の発行法人に対する譲渡（いわゆる自社株買い）が行われた場合には、株主側でみなし配当と株式譲渡損益が計上されることになります。しかし、合併による被合併法人からの資産及び負債の移転に伴って、合併法人が自己株式を取得する場合には、みなし配当の適用はありません（法令23③五）。

したがって、被合併法人においては、移転資産に合併法人株式が含まれている場合であっても、みなし配当は生じないこととなり、他の移転資産と同様に譲渡損益が計上されるのみとなります。

第2編 合併

Q2-85 グループ法人税制の適用を受ける非適格合併

完全支配関係のある法人間で、非適格合併を行った場合の移転資産及び負債の譲渡損益の取扱いについて教えてください。

Answer

被合併法人と合併法人との間に完全支配関係がある場合には、非適格合併により移転する資産のうち、譲渡損益調整資産に係る譲渡損益について課税の繰延べがされます。

解 説

内国法人が、完全支配関係のある他の内国法人に対して、譲渡損益調整資産を譲渡した場合には、その譲渡損益調整資産に係る譲渡利益額又は譲渡損失額に相当する金額を、所得の金額の計算上、損金の額又は益金の額に算入します。つまり、完全支配関係のある法人間の一定の資産譲渡については譲渡損益が繰り延べられることになります（法法61の13①）。

譲渡損益調整資産とは、次に掲げる資産をいいます（法法61の13）。ただし、売買目的有価証券、帳簿価額が1,000万円未満の資産は除かれます（法令122の14①）。

① 固定資産
② 土地（土地の上に存する権利を含み、固定資産に該当するものを除く）
③ 有価証券
④ 金銭債権
⑤ 繰延資産

第4章　非適格合併の課税関係

（譲渡損益調整資産の帳簿価額の判定単位）

資産区分		単位
減価償却資産	建物	1棟（建物の区分所有等に関する法律第1条（建物の区分所有）の規定に該当する建物にあっては、同法2条第1項（定義）に規定する建物の部分）ごとに区分する
	機械及び装置	一の生産設備又は1台若しくは1基（通常1組又は一式をもって取引の単位とされているものにあっては、1組又は一式）ごとに区分する
	その他の減価償却資産	建物又は機械及び装置に準じて区分する
土地等		土地等を一筆（一体として事業の用に供される一団の土地等にあっては、その一団の土地等）ごとに区分する
有価証券		銘柄の異なるごとに区分する
金銭債権		一の債務者ごとに区分する
その他の資産		通常の取引単位を基準として区分する

　この譲渡損益調整資産に係る譲渡損益の繰延べの規定は、完全支配関係のある法人間の非適格合併による譲渡損益調整資産の譲渡についても適用されます。

　つまり、完全支配関係のある法人間の非適格合併の場合に、被合併法人から合併法人に移転した資産のうちに譲渡損益調整資産に該当するものがあるときは、その譲渡損益調整資産に係る譲渡利益額又は譲渡損失額は、その被合併法人の最後事業年度の所得の金額の計算上、損金の額又は益金の額に算入することとされます（法法61の13①、⑦）。

第2編　合併

Q2-86 被合併法人の最後事業年度の申告・納付

合併を行った場合には、被合併法人は合併期日をもって解散することになりますが、被合併法人の最後事業年度の申告・納付の取扱いについて教えてください。

Answer

被合併法人が合併により解散した場合には、その被合併法人の事業年度開始の日から合併の日の前日までの期間をみなし事業年度（最後事業年度）として法人税等の申告・納付義務が生じます。なお、被合併法人は合併期日をもって解散することになるため、被合併法人の最後事業年度の申告・納付義務は、合併法人に引き継がれ、合併法人が、最後事業年度の申告、納付をすることになります。

解説

被合併法人が事業年度の中途において合併により解散した場合には、その事業年度開始の日から合併の日の前日までの期間がみなし事業年度とされます（法法14二）。このみなし事業年度のことを最後事業年度といい、合併による移転資産及び負債の譲渡損益は被合併法人の最後事業年度に所得の金額の計算上、益金の額又は損金の額に算入されることになります。

なお、被合併法人は合併期日をもって解散することになるため、被合併法人の最後事業年度の申告・納付義務は、合併法人に引き継がれ、合併法人が、最後事業年度の申告、納付をすることになります。

第❷節　合併法人の課税関係

Q2-87　合併法人の税務処理

非適格合併の場合における、合併法人の税務処理を教えてください。

Answer

合併法人は、非適格合併により被合併法人から承継した資産及び負債を合併時の時価により受け入れます。

なお、合併法人が非適格合併により資産及び負債を受け入れた場合において、合併法人が交付した合併対価資産の時価と、その受け入れた資産及び負債の時価純資産価額に差額があるときは、その差額は資産調整勘定又は負債調整勘定の金額とされます。

解　説

合併法人は、非適格合併により被合併法人から承継した資産及び負債を合併時の時価により受け入れます。また、合併法人の純資産の部については、基本的には利益積立金の増加はせず、資本金等の額のみ増加することになります。

なお、増加する資本金等の額は、被合併法人の株主に交付した合併法人の株式等の合併時の時価の合計額を基礎に算定された金額となります（法令8①五）。

合併法人が交付した合併対価資産の時価と、その受け入れた資産及び負債の時価純資産価額に差額があるときは、その差額は資産調整勘定又は負債調整勘定の金額とされます（法法62の8）。

第2編　合併

合併による移転資産及び負債の受入れに係る税務処理

借方	関係法令等	貸方	関係法令等
資産	時価（法令119①二十六等）	負債	時価（法令123②、③）
資産調整勘定	合併対価資産の時価が、時価純資産価額を超える場合のその超える部分の金額（法法62の8）	差額負債調整勘定	合併対価資産の時価が、時価純資産価額に満たない場合のその満たない部分の金額（法法62の8）
		退職給与負債調整勘定	（法法62の8）
		短期重要負債調整勘定	（法法62の8）
		合併交付金等 資本金等の額	時価 被合併法人の株主に交付した合併法人の株式等の合併時の時価の合計額を基礎として算定した金額（法令8①五）

[処理例]

1. 前提

(1) 被合併法人の合併時の税務上の貸借対照表

資産	20,000	負債	10,000
（時価	25,000　）		
		資本金等の額	7,000
		利益積立金額	3,000
資産合計	20,000	負債・純資産合計	20,000

(2) 被合併法人の最後事業年度の課税所得に係る法人税等は考慮しない

2. 処理例（合併対価資産：合併法人株式のみ（時価：15,000））

Dr) 資産	25,000	Cr) 負債	10,000
		Cr) 資本金等の額	15,000

3. 処理例（合併対価資産：合併法人株式（時価：15,000）及び合併交付金（5,000））

Dr) 資産	25,000	Cr) 負債	10,000
		Cr) 現金（合併交付金）	5,000
		Cr) 資本金等の額	10,000

4. 処理例（合併対価資産：合併法人株のみ（時価：20,000））

Dr) 資産	25,000	Cr) 負債	10,000
Dr) 資産調整勘定	5,000	Cr) 資本金等の額	20,000

第2編　合併

Q2-88 資産調整勘定及び負債調整勘定（概要）

資産調整勘定と負債調整勘定の概要について教えてください。

Answer

合併法人が非適格合併により資産及び負債を受け入れた場合において、合併法人が交付した合併対価資産の時価と、その受け入れた資産及び負債の時価純資産価額に差額があるときは、その差額は資産調整勘定又は負債調整勘定の金額とされます。

解　説

非適格合併の場合において、合併法人が交付した合併対価資産の時価と、合併法人が受け入れた資産及び負債の時価純資産価額に差額がある場合には、その差額は資産調整勘定又は負債調整勘定の金額とされます（法法62の8）。

具体的には、非適格合併が行われた場合に、合併法人がその被合併法人から引き継いだ従業者に係る退職給与債務及び短期重要債務に相当する金額（退職給与負債調整勘定及び短期重要負債調整勘定）を税務上の負債として認識したうえで、合併対価資産の時価と、合併法人が受け入れた資産及び負債の時価純資産価額との差額を、資産調整勘定又は負債調整勘定の金額として計上することになります。

なお、資産調整勘定及び負債調整勘定は、計上後、一定の方法により減額することとされています。この減額された金額は、所得の金額の計算上、損金の額又は益金の額に算入されることとなります。

第4章　非適格合併の課税関係

[資産調整勘定のイメージ]

資産（時価） 1,000	負債（時価） 500
	退職給与負債調整勘定 200
	短期重要負債調整勘定 200
	（時価純資産価額 100）
資産調整勘定 300	合併対価資産（時価） 400

第2編　合併

Q2-89　資産調整勘定

資産調整勘定の計上金額及びその減額処理を教えてください。

Answer

　資産調整勘定の計上金額は、合併法人が交付した合併対価資産の時価が、その受け入れた資産及び負債の時価純資産価額を超える場合におけるその超える部分の金額となります。資産調整勘定は、当初計上金額を60で除した金額にその事業年度の月数を乗じて計算した金額を減額し、損金の額に算入します。

解　説

1. 資産調整勘定の計上金額

　内国法人が非適格合併により、その非適格合併に係る被合併法人から資産又は負債の移転を受けた場合において、その内国法人がその非適格合併により交付した金銭の額及び金銭以外の資産の時価の合計額が、その移転を受けた資産及び負債の時価純資産価額を超えるときは、その超える部分の金額が、資産調整勘定の金額として計上されます。ただし、その超える部分の金額のうちに資産等超過差額がある場合には、資産等超過差額以外の部分の金額が資産調整勘定の金額となります（法法62の8①、法令123の10④）。

　資産等超過差額とは、次に掲げる場合の区分に応じ、それぞれに定める金額をいいます（法規27の16）。

第4章 非適格合併の課税関係

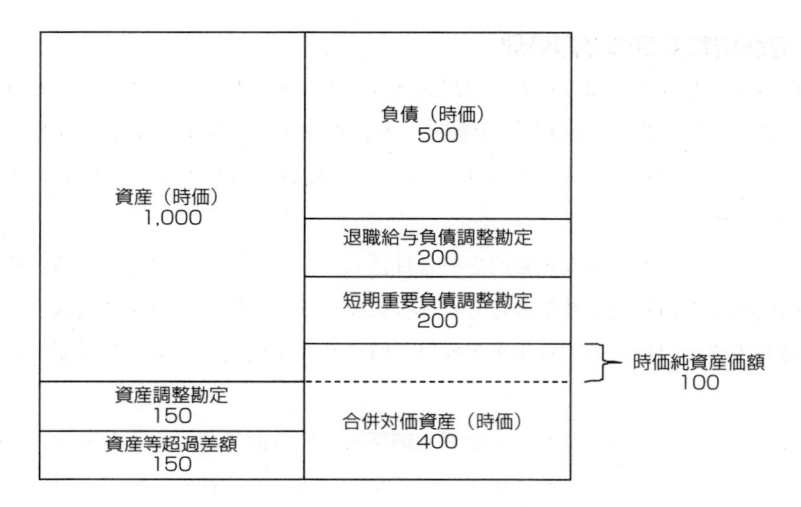

```
┌─────────────────┬─────────────────┐
│                 │   負債（時価）    │
│                 │      500        │
│   資産（時価）    ├─────────────────┤
│     1,000       │ 退職給与負債調整勘定│
│                 │      200        │
│                 ├─────────────────┤
│                 │ 短期重要負債調整勘定│
│                 │      200        │
│                 ├─────────────────┤ ─┐時価純資産価額
│                 │                 │  │    100
├─────────────────┤ 合併対価資産（時価）│ ─┘
│  資産調整勘定     │      400        │
│     150         │                 │
├─────────────────┤                 │
│  資産等超過差額   │                 │
│     150         │                 │
└─────────────────┴─────────────────┘
```

(1) 合併対価資産の時価が、約定時から非適格合併の時までの間に2倍を超えた場合

次の①又は②のいずれかの金額（①の金額を算定していない場合又はその算定の根拠を明らかにする書類等を保存していない場合には②の金額）

① その合併対価資産の交付時価額から、その非適格合併により移転を受けた事業の価値に相当する金額として、その事業により見込まれる収益の額を基礎として合理的に見積もられる金額を控除した金額

② その合併対価資産の交付時価額から、約定時価額を控除した金額（時価純資産価額が、その約定時価額を超える場合には、その交付時価額からその時価純資産価額を控除した金額）

(2) 法人税法62条の8第1項に規定するその超える部分の金額が、その合併により移転を受ける事業により見込まれる収益の額の状況その他の事情からみて実質的にその被合併法人の欠損金相当額（移転事業による収益の額によって補てんされると見込まれる金額を除く）から成ると認められる金額がある場合

当該欠損金額に相当する部分から成ると認められる金額

2. 資産調整勘定の減額処理

　資産調整勘定の金額を有する内国法人は、各資産調整勘定の金額に係る当初計上額を 60 で除して計算した金額に、その事業年度の月数を乗じて計算した金額に相当する金額をその事業年度において減額すべきこととされています（法法 62 の 8 ④）。

　ただし、その内国法人が自己を被合併法人とする非適格合併を行う場合又はその内国法人の残余財産が確定した場合には、その合併の日の前日又はその残余財産の確定の日の属する事業年度終了時の金額に相当する金額を減額することとされています。

　なお、減額すべきこととなった資産調整勘定の金額に相当する金額は、その減額すべきこととなった日の属する事業年度の所得の金額の計算上、損金の額に算入します（法法 62 の 8 ⑤）。

3. 明細書の添付

　資産調整勘定の金額を有する内国法人は、その有することとなった事業年度及び減額する事業年度の確定申告書にその有することとなった金額の計算又は損金の額に算入される金額の計算に関する明細書を添付しなければならないこととされています（法令 123 の 10 ⑨）。

第4章 非適格合併の課税関係

Q2-90 退職給与負債調整勘定

退職給与負債調整勘定の計上金額及びその減額処理を教えてください。

Answer

退職給与負債調整勘定の計上金額は、被合併法人から引き継いだ従業者に係る退職給付引当金の額に相当する金額となります。なお、退職給与負債調整勘定の金額は、対象とされた従業者が退職等した場合又は退職給与を支給する場合に、その従業者に対応する金額を減額し、益金の額に算入します。

解 説

1. 退職給与負債調整勘定の計上金額（法法62の8②一、法令123の10⑦）

内国法人が、非適格合併に伴い、被合併法人から引継ぎを受けた従業者について、退職給与債務引受けをした場合には、その退職給与債務引受けに係る金額を、退職給与負債調整勘定として計上します。

ここで、退職給与債務引受けとは、非適格合併後の退職その他の事由により、被合併法人から引継ぎを受けた従業者に支給する退職給与の額につき、非適格合併前における在職期間その他の勤務実績等を勘案して算定する旨を約し、かつ、これに伴う負担の引受けをすることをいいます。

なお、退職給与債務引受けに係る金額とは、非適格合併の時において、その引継ぎを受けた従業員に係る退職給付引当金の額（一般に公正妥当と認められる会計処理の基準により算定されたものに限ります）に相当する金額とされます。

2. 退職給与負債調整勘定の減額処理（法法62の8⑥一、⑧、法令123の10⑩、⑫）

　退職給与引受従業者が退職その他の事由によりその内国法人の従業者でなくなった場合又は退職給与引受従業者に対して退職給与を支給する場合には、退職給与負債調整勘定のうち、これらの退職給与引受従業者に係る部分の金額として、次の算式により計算した金額を減額すべきこととされています。

減額すべき金額 ＝ 退職給与負債調整勘定の当初計上額÷退職給与引受従業者の数

　ただし、退職給与負債調整勘定を計上している内国法人が、退職給与引受従業者ごとの退職給付引当金額の計算に関する明細を記載した書類を保存している場合には、上記の算式によらず、退職給与引受従業者ごとの退職給付引当金額相当額を減額することができます（ただし、継続適用が要件となります）。

　なお、減額すべきこととなった退職給与負債調整勘定の金額に相当する金額は、その減額すべきこととなった日の属する事業年度の所得の金額の計算上、益金の額に算入します。

3. 明細書の添付

　退職給与負債調整勘定の金額を有する内国法人は、その有することとなった事業年度及び減額する事業年度の確定申告書にその有することとなった金額の計算又は益金の額に算入される金額の計算に関する明細書を添付しなければならないこととされています（法令123の10⑨）。

第4章 非適格合併の課税関係

Q2-91　短期重要負債調整勘定

短期重要負債調整勘定の計上金額及びその減額処理を教えてください。

Answer

短期重要負債調整勘定の計上金額は、被合併法人から引き継いだ事業に係る将来の債務として一定の金額となります。なお、短期重要負債調整勘定の金額は、その債務が損失として実現した場合又は非適格合併の日から3年を経過した場合に減額し、益金の額に算入します。

解　説

1. 短期重要負債調整勘定の計上金額（法法62の8②二、法令123の10⑧）

内国法人が、非適格合併により、被合併法人から移転を受けた事業に係る将来の債務で、その履行がその非適格合併の日から概ね3年以内に見込まれるものについて、その内国法人がその履行に係る負担の引受けをした場合には、その債務の額に相当する金額（短期重要債務見込額）を、負債調整勘定（短期重要負債調整勘定）として計上します。

ここで、将来の債務とは、その事業の利益に重大な影響を与えるものに限られ、退職給与債務引受けに係るもの及び既にその履行をすべきことが確定しているものを除きます。

なお、短期重要負債調整勘定は、短期重要債務見込額が、その非適格合併により移転を受けた資産の取得価額の合計額の20%相当額を超える場合に限り計上することとされています。

2. 短期重要負債調整勘定の減額処理（法法62の8⑥二、⑧）

短期重要債務見込額に係る損失が生じた場合、非適格合併の日から3年が経

第2編 合併

過した場合、自己を被合併法人とする非適格合併を行う場合、又はその残余財産が確定した場合には、短期重要債務見込額に係る短期重要負債調整勘定の金額のうち、その損失の額に相当する金額を減額すべきこととされています。

ただし、非適格合併の日から3年が経過した場合、自己を被合併法人とする非適格合併を行う場合、又はその残余財産が確定した場合にあっては、短期重要負債調整勘定の全額を減額すべきこととされています。

なお、減額すべきこととなった短期重要負債調整勘定の金額に相当する金額は、その減額すべきこととなった日の属する事業年度の所得の金額の計算上、益金の額に算入します。

3. 明細書の添付

短期重要負債調整勘定の金額を有する内国法人は、その有することとなった事業年度及び減額する事業年度の確定申告書にその有することとなった金額の計算又は益金の額に算入される金額の計算に関する明細書を添付しなければならないこととされています（法令123の10⑨）。

第4章 非適格合併の課税関係

Q2-92 差額負債調整勘定

差額負債調整勘定の計上金額及びその減額処理を教えてください。

Answer

差額負債調整勘定の計上金額は、合併法人が交付した合併対価資産の時価が、その受け入れた資産及び負債の時価純資産価額に満たない場合におけるその満たない部分の金額となります。差額負債調整勘定は、当初計上金額を60で除した金額にその事業年度の月数を乗じて計算した金額を減額し、益金の額に算入します。

解 説

1. 差額負債調整勘定の計上金額（法法62の8③）

内国法人が非適格合併により、その非適格合併に係る被合併法人から資産又は負債の移転を受けた場合において、その内国法人がその非適格合併により交付した金銭の額及び金銭以外の資産の価額の合計額が、その移転を受けた資産及び負債の時価純資産価額に満たないときは、その満たない部分の金額は、差額負債調整勘定の金額とされます（法法62の8①）。

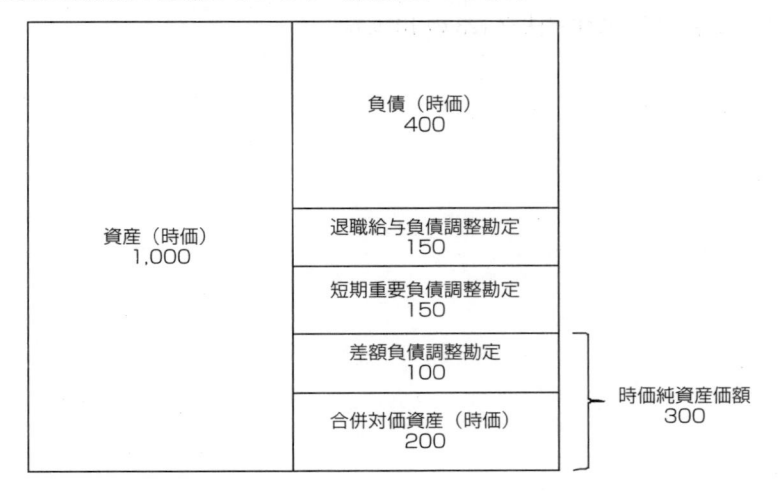

資産（時価） 1,000	負債（時価） 400	
	退職給与負債調整勘定 150	時価純資産価額 300
	短期重要負債調整勘定 150	
	差額負債調整勘定 100	
	合併対価資産（時価） 200	

2. 差額負債調整勘定の減額

　差額負債調整勘定の金額を有する内国法人は、差額負債調整勘定の金額に係る当初計上額を60で除して計算した金額に、その事業年度の月数を乗じて計算した金額に相当する金額をその事業年度において減額すべきこととされています（法法62の8⑦）。

　ただし、その内国法人が自己を被合併法人とする非適格合併を行う場合又はその内国法人の残余財産が確定した場合には、その合併の日の前日又はその残余財産の確定の日の属する事業年度終了時の金額に相当する金額を減額することとされています。

　なお、減額すべきこととなった差額負債調整勘定の金額に相当する金額は、その減額すべきこととなった日の属する事業年度の所得の金額の計算上、益金の額に算入します（法法62の8⑧）。

3. 明細書の添付

　差額負債調整勘定の金額を有する内国法人は、その有することとなった事業年度及び減額する事業年度の確定申告書にその有することとなった金額の計算又は益金の額に算入される金額の計算に関する明細書を添付しなければならないこととされています（法令123の10⑨）。

第4章 非適格合併の課税関係

Q2-93 純資産の部の取扱い

非適格合併の場合の合併法人の純資産の部の取扱いについて教えてください。

Answer

非適格合併の場合には、非適格合併により交付した合併対価資産の合計額から、増加資本金を減算した金額が、資本金等加算額となります。

解説

合併をした場合には、合併法人の純資産の部が変動することになります。税務上の純資産の部は利益積立金額と資本金等の額から構成されますが、非適格合併の場合には、基本的に利益積立金額は増加せず、資本金等の額のみ増加することになります。

非適格合併の場合において増加する資本金等の額は、次の金額の合計額となります（法令8①五）。

加算	合併により交付した合併法人の株式、金銭並びに金銭以外の資産（配当見合いの合併交付金等、反対株主の買取請求により交付する金銭等を除きます）並びに抱合株式に交付されるべきこれらの資産の合併時の時価の合計額
減算	合併法人株式以外の交付資産の時価の合計額
減算	抱合株式の合併直前の帳簿価額にみなし配当の金額を加算した金額
減算	被合併法人から合併法人株式（自己株式）の移転を受けた場合には、その合併法人株式の取得価額（時価）

第2編　合併

［合併法人の純資産の部のイメージ］

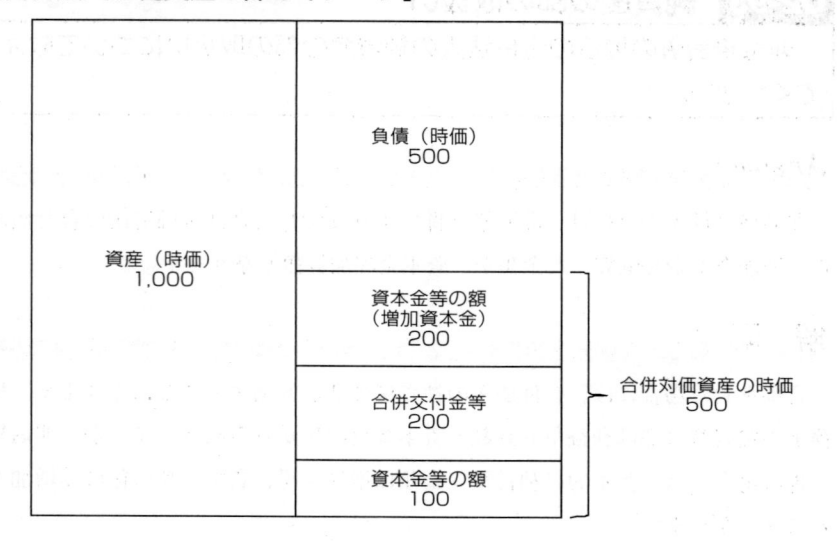

資産（時価） 1,000	負債（時価） 500	
	資本金等の額 （増加資本金） 200	⎫ ⎬ 合併対価資産の時価 ⎪ 500 ⎭
	合併交付金等 200	
	資本金等の額 100	

第4章 非適格合併の課税関係

Q2-94 被合併法人が合併法人の株式を保有している場合

非適格合併の場合において、被合併法人が合併法人の株式を保有している場合の合併法人側の取扱いについて教えてください。

Answer

非適格合併の場合において、被合併法人の移転資産に合併法人株式が含まれている場合には、合併法人においては自己株式の取得となります。なお、非適格合併により自己株式を取得する場合には、自己株式の取得対価に相当する金額を資本金等の額から減算することになるため、みなし配当は生じません。

解説

株式の発行法人に対する譲渡(いわゆる自社株買い)が行われた場合には、発行法人側では、自己株式の取得対価を、利益積立金額(みなし配当)及び資本金等の額から減算する処理を行うことになります。

しかし、合併による被合併法人からの資産及び負債の移転に伴って、合併法人が自己株式を取得する場合には、その自己株式の取得対価の全額を資本金等の額から減算することとされています(法令8①十八)。利益積立金額から減算される金額はないこととなるため、みなし配当は生じません。

したがって、合併による移転資産に合併法人株式(自己株式)が含まれている場合には、合併法人において次の税務処理が必要となります。

移転資産に合併法人株式(自己株式)が含まれている場合の税務処理

借方	関係法令等	貸方	関係法令等
資本金等の額	合併法人株式の時価（法令8①十八イ)	資産(合併法人株式)	時価(法令119①二十六)

第2編　合併

[処理例]
1. 前提
(1) 被合併法人の合併時の税務上の貸借対照表

資産	19,000	負債	10,000
(時価	23,000)		
合併法人株式	1,000	資本金等の額	7,000
(時価	2,000)		
		利益積立金額	3,000
資産合計	20,000	負債・純資産合計	20,000

(2) 被合併法人の最後事業年度の課税所得に係る法人税等は考慮しない

2. 処理例（合併対価資産：合併法人株式のみ（時価：15,000））

(1) 資産及び負債の受入れ

| Dr) 資産 | 23,000 | Cr) 負債 | 10,000 |
| Dr) 合併法人株式（自己株式） | 2,000 | Cr) 資本金等の額 | 15,000 |

(2) 合併法人株式（自己株式）の資本金等の額への振替

| Dr) 資本金等の額 | 2,000 | Cr) 合併法人株式（自己株式） | 2,000 |

Q2-95 合併法人が被合併法人の株式を保有している場合（抱合株式）

非適格合併の場合において、合併法人が被合併法人の株式を保有している場合の合併法人側の取扱いについて教えてください。

Answer

合併法人が合併前に被合併法人の株式を保有している場合（いわゆる抱合株式がある場合）には、合併対価資産の交付をしない場合であっても、税務上は合併対価資産の割当てがあったものとして取り扱われます。

解説

合併法人が合併前に被合併法人の株式を保有している場合（いわゆる抱合株式がある場合）には、合併対価資産の交付をしない場合であっても、税務上は合併対価資産の割当てがあったものとして取り扱われます（法令23⑤）。

したがって、実際には抱合株式に対して合併対価資産を割り当てない場合であっても、他の被合併法人の株主と同様に、一定の場合には、みなし配当が生じることになります。

非適格合併の場合の合併法人における抱合株式の税務処理は、合併法人の株式又は合併親法人株式のいずれか一方の株式のみ交付される場合と、合併法人の株式又は合併親法人株式のいずれか一方の株式以外の資産が交付される場合とに大別されます。

1. 合併法人の抱合株式の税務処理（合併法人の株式又は合併親法人株式のいずれか一方の株式以外の資産が交付されない場合）

借方	関係法令等	貸方	関係法令等
資本金等の額	抱合株式の帳簿価額＋みなし配当（法令8①五）	みなし配当	（法法24①一）
		抱合株式（被合併法人株式）	帳簿価額

第2編 合併

　具体的な合併法人側の税務処理としては、抱合株式の非適格合併の直前の帳簿価額に、みなし配当の金額を加算した金額を資本金等の額から減算することになります。上記の税務処理は、合併法人株式のみなし割当ての税務処理と、みなし割当てされた合併法人株式（自己株式）の資本金等の額への振替の税務処理の二つの税務処理から構成されていると考えることができます。具体的には次の（1）と（2）の税務処理が行われたことになります。

(1) 合併法人株式のみなし割当ての税務処理

借方	関係法令等	貸方	関係法令等
合併法人株式（自己株式）	抱合株式の帳簿価額＋みなし配当	みなし配当 抱合株式（被合併法人株式）	 帳簿価額

(2) 合併法人株式の資本金等の額への振替の税務処理

借方	関係法令等	貸方	関係法令等
資本金等の額	抱合株式の帳簿価額＋みなし配当	合併法人株式（自己株式）	抱合株式の帳簿価額＋みなし配当

2. 合併法人の抱合株式の税務処理（合併法人の株式又は合併親法人株式のいずれか一方の株式以外の資産が交付される場合）

借方	関係法令等	貸方	関係法令等
みなし交付金銭等 資本金等の額	 抱合株式に交付されるべき金銭等の時価－（抱合株式の帳簿価額＋みなし配当）（法令8①五）	みなし配当 抱合株式（被合併法人株式）	（法法24①一） 帳簿価額

　合併法人の株式又は合併親法人株式のいずれか一方の株式以外の資産が交付される場合には、被合併法人の株主において株式譲渡損益が計上されることになりますが、合併法人が有する抱合株式に対して交付金銭等が割り当てられた

とみなされた場合でも、株式譲渡損益は計上されません（法法61の2③）。この株式譲渡損益相当額は、資本金等の額として処理されます（法令8①五）。

　上記の税務処理は、合併法人株式及び交付金銭等のみなし割当ての税務処理と、みなし割当てされた合併法人株式（自己株式）の資本金等の額への振替の税務処理の二つの税務処理から構成されていると考えることができます。具体的には次の（1）と（2）の税務処理が行われたことになります。

(1) 合併法人株式及び合併交付金等のみなし割当ての税務処理

借方	関係法令等	貸方	関係法令等
みなし交付金銭等 合併法人株式（自己株式） 資本金等の額	時価 合併法人株式、みなし交付金銭等の合計額（時価）－みなし配当－被合併法人株式（帳簿価額）	みなし配当 抱合株式（被合併法人株式）	帳簿価額

(2) 合併法人株式の資本金等の額への振替の税務処理

借方	関係法令等	貸方	関係法令等
資本金等の額	合併法人株式の時価	合併法人株式（自己株式）	時価

[処理例]
1. 前提
(1) 被合併法人の合併時の税務上の貸借対照表

第2編　合併

資産	20,000	負債		10,000
（時価	25,000　）	資本金等の額		7,000
		利益積立金額		3,000
資産合計	20,000	負債・純資産合計		20,000

(2) 被合併法人の最後事業年度の課税所得に係る法人税等は考慮しない
(3) 被合併法人の発行済株式数：2株
(4) 合併比率：1：1
(5) 合併法人の抱合株式の帳簿価額：4,000（1株のみ保有）

2. 処理例（合併対価資産：合併法人株式のみ（時価：1株7,500））

(1) 資産及び負債の受入れ

Dr) 資産	25,000	Cr) 負債	10,000
		Cr) 資本金等の額	15,000

(2) 合併法人株式のみなし割当て

Dr) 合併法人株式（自己株式）	8,000	Cr) 被合併法人株式	4,000
		Cr) みなし配当 (注)	4,000

(注) 合併法人株式の時価7,500 － 被合併法人の資本金等の額7,000 × 1株／2株

(3) 合併法人株式の資本金等の額への振替

Dr) 資本金等の額	8,000	Cr) 合併法人株式（自己株式）	8,000

第4章 非適格合併の課税関係

(1)、(2)、(3)の合算した場合の合併受入仕訳

Dr)	資産	25,000	Cr)	負債	10,000
			Cr)	資本金等の額	7,000
			Cr)	みなし配当	4,000
			Cr)	被合併法人株式	4,000

2. 処理例（合併対価資産：合併法人株式（時価：1株7,000）及び合併交付金（500））

(1) 資産及び負債の受入れ

Dr)	資産	25,000	Cr)	負債	10,000
			Cr)	現金（合併交付金）	1,000
			Cr)	資本金等の額	14,000

(2) 合併法人株式及び合併交付金のみなし割当て

Dr)	合併法人株式（自己株式）	7,000	Cr)	被合併法人株式	4,000
Dr)	現金（合併交付金）	500	Cr)	みなし配当 (注1)	4,000
Dr)	資本金等の額 (注2)	500			

(注1) 合併法人株式（時価）及び合併交付金の合計額7,500 − 被合併法人の資本金等の額7,000 × 1株／2株
(注2) 合併法人株式（時価）及び合併交付金の合計額7,500 − みなし配当4,000 − 被合併法人株式4,000

(3) 合併法人株式の資本金等の額への振替

Dr)	資本金等の額	7,000	Cr)	合併法人株式（自己株式）	7,000

(1)、(2)、(3)の合算した場合の合併受入仕訳

Dr)	資産	25,000	Cr)	負債	10,000
			Cr)	資本金等の額	6,500
			Cr)	現金	500
			Cr)	みなし配当	4,000
			Cr)	被合併法人株式	4,000

第2編 合併

第❸節 被合併法人の株主の課税関係

Q2-96 被合併法人の株主の税務処理

非適格合併の場合における、被合併法人の株主の税務処理を教えてください。

Answer

被合併法人の株主が合併により交付を受けた合併対価資産は、被合併法人の残余財産の分配として交付されたものであることから、合併対価資産の時価を残余財産の分配額とみなして、みなし配当を認識することになります。

また、合併対価資産として合併法人の株式又は合併親法人株式のいずれか一方の株式以外の資産が交付される場合には、旧株（被合併法人株式）の時価譲渡があったものとして株式譲渡損益が計上されます。

解説

非適格合併の場合における被合併法人の株主の税務処理は、合併法人の株式又は合併親法人株式のいずれか一方の株式のみ交付される場合と、合併法人の株式又は合併親法人株式のいずれか一方の株式以外の資産が交付される場合とに大別されます。

1. 合併法人の株式又は合併親法人株式のいずれか一方の株式のみ交付される場合の税務処理

借方	金額	貸方	金額
合併法人の株式	被合併法人株式の帳簿価額＋みなし配当（法法61の2②、法令119①五、所令112）	みなし配当	（法法24①一、所法25①一）
		被合併法人株式	帳簿価額（法法61の2①二）

第4章 非適格合併の課税関係

　合併により交付される資産が、合併法人の株式又は合併親法人株式のいずれか一方の株式のみの場合には、みなし配当の計上と、そのみなし配当の金額を旧株（被合併法人株式）の帳簿価額に加算する税務処理となります（法法61の2②、法令119①五）。したがって、原則として譲渡損益は生じません。

2. 合併対価資産として合併法人の株式又は合併親法人株式のいずれか一方の株式以外の資産が交付される場合の税務処理

借方	関係法令等	貸方	関係法令等
合併法人の株式	時価（法令119①二十六、措法37の10③一、所令109①五）	みなし配当	（法法24①一、所法25①一）
合併交付金等	時価	被合併法人株式	帳簿価額（法法61の2①二、措法37の10③一）
株式譲渡損	合併法人の株式、合併交付金等の合計額（時価）－みなし配当－被合併法人株式（帳簿価額）（法法61の2①）	株式譲渡益	合併法人の株式、合併交付金等の合計額（時価）－みなし配当－被合併法人株式（帳簿価額）（法法61の2①）

　合併により交付される資産に、合併法人の株式又は合併親法人株式のいずれか一方の資産以外の資産がある場合には、旧株（被合併法人株式）の時価譲渡があったものとして株式譲渡損益が計上されます。

[処理例]
1. 前提
(1) 被合併法人の合併時の税務上の貸借対照表

第2編　合併

資産	20,000	負債	10,000
（時価	25,000）	資本金等の額	7,000
		利益積立金額	3,000
資産合計	20,000	負債・純資産合計	20,000

(2) 被合併法人の最後事業年度の課税所得に係る法人税等は考慮しない
(3) 被合併法人の発行済株式数：1株
(4) 合併比率：1：1
(5) 被合併法人の株主における被合併法人株式の帳簿価額：10,000

2. 処理例（合併対価資産：合併法人株式のみ（時価：1株 15,000））

Dr) 合併法人株式	18,000	Cr) 被合併法人株式	10,000
		Cr) みなし配当 (注)	8,000

（注）合併法人株式の時価 15,000 − 被合併法人の資本金等の額 7,000

3. 処理例（合併対価資産：合併法人株式（時価：1株 14,000）及び合併交付金（1,000））

Dr) 合併法人株式	14,000	Cr) 被合併法人株式	10,000
Dr) 現金（合併交付金）	1,000	Cr) みなし配当 (注1)	8,000
Dr) 株式譲渡損 (注2)	3,000		

（注1）合併法人株式（時価）及び合併交付金の合計額 15,000 − 被合併法人の資本金等の額 7,000
（注2）合併法人株式（時価）及び合併交付金の合計額 15,000 − みなし配当 8,000 − 被合併法人株式 10,000

第5章　適格合併の課税関係

第❶節　被合併法人の課税関係

Q2-97　被合併法人の税務処理

適格合併の場合における、被合併法人の税務処理を教えてください。

Answer

被合併法人が適格合併により合併法人に資産及び負債の移転をした場合には、合併法人に対して、被合併法人の最後事業年度終了の時における税務上の帳簿価額により、その資産及び負債の引継ぎをしたものとして、各事業年度の所得の金額を計算します。つまり、合併により移転した資産及び負債の譲渡損益の計上は繰り延べられることになります。

解　説

適格合併の場合における被合併法人の税務処理は、次のようになります。被合併法人は、その有する資産及び負債（最後事業年度の未納法人税等を含みます）を合併法人に対して税務上の帳簿価額により引継ぎしたものとされます。したがって、移転した資産及び負債に係る譲渡損益は計上されません。

借方	関係法令等	貸方	関係法令等
負債	帳簿価額（法法62の2①、法令122の14⑭、123②、123の3①）	資産	帳簿価額（法法62の2①、法令122の14⑭、123の3①）
利益積立金額	別表5(1)利益積立金額（法令9①二）		
資本金等の額	別表5(1)資本金等の額		

第2編　合併

　なお、平成22年度税制改正前においては、適格合併の場合には、被合併法人は、その資産及び負債を最後事業年度終了の時における税務上の帳簿価額で合併法人に引き継ぎ、その対価として合併法人の株式又は合併親法人株式を取得し、これを株主に交付したものとして整理されていました（旧法法62の2②）。平成22年度税制改正前の法令に基づく税務処理は次のようになります。

1. 合併法人への資産及び負債の移転に係る税務処理

借方	関係法令等	貸方	関係法令等
合併法人の株式又は合併親法人株式	被合併法人の簿価純資産価額－利益積立金額（旧法法62の2①、61の2②、法令123の3①）	資産	帳簿価額（法法62の2①、法令122の14⑭、123の3①）
負債	帳簿価額（法法62の2①、法令122の14⑭、123②、123の3①）		
利益積立金額	別表5(1) 利益積立金額（法令9①二）		

　被合併法人の利益積立金額は、被合併法人の株主には帰属せずに、合併法人に引き継がれることになります。

2. 合併法人の株式又は合併親法人株式の被合併法人の株主への交付

借方	関係法令等	貸方	関係法令等
資本金等の額	別表5(1) 資本金等の額	合併法人の株式又は合併親法人株式	被合併法人の簿価純資産価額－利益積立金額（旧法法62の2②）

　被合併法人は、法律上、合併の日に解散することになりますので、資本金等の額もないこととなります。

第5章　適格合併の課税関係

[処理例]
1. 前提
(1) 被合併法人の合併時の税務上の貸借対照表

資産	20,000	負債	10,000
（時価	25,000　）	資本金等の額	7,000
		利益積立金額	3,000
資産合計	20,000	負債・純資産合計	20,000

(2) 最後事業年度に係る未払法人税は考慮しない

2. 処理例（平成22年度税制改正後の仕訳例／合併対価資産：合併法人株式のみ）

Dr)	負債	10,000	Cr)	資産	20,000
Dr)	利益積立金額	3,000			
Dr)	資本金等の額	7,000			

3. 処理例（平成22年度税制改正前の仕訳例／合併対価資産：合併法人株式のみ）
(1) 合併法人への資産及び負債の移転に係る税務処理

Dr)	合併法人株式	7,000	Cr)	資産	20,000
Dr)	負債	10,000			
Dr)	利益積立金額	3,000			

第2編 合併

(2) 合併法人株式の被合併法人の株主への交付

Dr) 資本金等の額　　　　　7,000　　　Cr) 合併法人株式　　　　　7,000

第5章　適格合併の課税関係

Q2-98　被合併法人が合併法人の株式を保有している場合

適格合併の場合において、被合併法人が合併法人の株式を保有している場合の被合併法人側の取扱いについて教えてください。

Answer

非適格合併の場合において、被合併法人の移転資産に合併法人株式が含まれている場合には、みなし配当は生じません。また、非適格合併とは異なり、適格合併の場合には簿価引継ぎとなることから譲渡損益は計上されません。

解　説

株式の発行法人に対する譲渡（いわゆる自社株買い）が行われた場合には、株主側でみなし配当と株式譲渡損益が計上されることになります。しかし、合併による被合併法人からの資産及び負債の移転に伴って、合併法人が自己株式を取得する場合には、みなし配当の適用はありません（法令23③五）。

したがって、被合併法人においては、移転資産に合併法人株式が含まれている場合であっても、みなし配当は生じません。また、非適格合併とは異なり、適格合併の場合には簿価引継ぎとなることから譲渡損益は計上されません。

第2編　合併

Q2-99 被合併法人の最後事業年度の申告・納付

適格合併を行った場合には、被合併法人は合併期日をもって解散することになりますが、被合併法人の最後事業年度の申告・納付の取扱いについて、非適格合併の場合と違いはあるのでしょうか。

Answer

最後事業年度の申告・納付の手続きについては非適格合併の場合と同様です。

解　説

被合併法人が事業年度の中途において合併により解散した場合には、その事業年度開始の日から合併の日の前日までの期間がみなし事業年度とされます（法法14二）。このみなし事業年度のことを最後事業年度といいます。適格合併の場合には、移転資産及び負債については簿価引継ぎとなることから、移転資産及び負債の譲渡損益は計上されません。

なお、被合併法人は合併期日をもって解散することになるため、被合併法人の最後事業年度の申告・納付義務は、合併法人に引き継がれ、合併法人が、最後事業年度の申告、納付をすることになります。

第5章　適格合併の課税関係

第❷節　合併法人の課税関係

Q2-100　合併法人の税務処理

適格合併の場合における、合併法人の税務処理を教えてください。

Answer

合併法人は、適格合併により被合併法人から承継した資産及び負債を税務上の帳簿価額により受け入れます。

解　説

合併法人は、適格合併により被合併法人から承継した資産及び負債を税務上の帳簿価額により受け入れます。また、合併法人の純資産の部については、被合併法人の最後事業年度終了の時の資本金等の額が引き継がれ、簿価純資産価額から資本金等の額を減算した金額が利益積立金として計上されることになります。

合併による移転資産及び負債の受入れに係る税務処理

借方	関係法令等	貸方	関係法令等
資産	被合併法人の帳簿価額（法法62の2④、法令123の3④、122の14⑭）	負債	被合併法人の帳簿価額（法令123の3①、②、④、122の14⑭）
		資本金等の額	被合併法人の最後事業年度の資本金等の額を基礎として算定した金額（法令8①五）
		利益積立金額	簿価純資産価額から増加資本金等の額を控除した金額を基礎として算定した金額（法令9①二）

- 255 -

第2編　合併

[処理例]
1. 前提
(1) 被合併法人の合併時の税務上の貸借対照表

資産	20,000	負債	10,000
（時価	25,000　）	資本金等の額	7,000
		利益積立金額	3,000
資産合計	20,000	負債・純資産合計	20,000

(2) 被合併法人の最後事業年度の課税所得に係る法人税等は考慮しない

2. 処理例（合併対価資産：合併法人株式のみ）

Dr) 資産	20,000	Cr) 負債	10,000
		Cr) 資本金等の額	7,000
		Cr) 利益積立金額	3,000

第5章 適格合併の課税関係

Q2-101 純資産の部の取扱い

適格合併の場合の合併法人の純資産の部の取扱いについて教えてください。

Answer

適格合併の場合には、被合併法人の最後事業年度における資本金等の額が引き継がれ、簿価純資産価額と資本金等の額を減算した金額が利益積立金額として計上されます。

解　説

合併をした場合には、合併法人の純資産の部が変動することになります。税務上の純資産の部は利益積立金額と資本金等の額から構成されますが、適格合併の場合には、被合併法人の最後事業年度終了の時における資本金等の額が引き継がれ、簿価純資産価額と資本金等の額を減算した金額が利益積立金額として計上されます。

適格合併の場合において増加する資本金等の額は、次の金額の合計額となります（法令8①五）。

加算	被合併法人の最後事業年度終了の時における資本金等の額
減算	被合併法人から合併法人株式（自己株式）の移転を受けた場合には、その合併法人株式の被合併法人の合併直前の帳簿価額
減算	合併親法人株式を交付した場合には、合併親法人株式の合併直前の帳簿価額
減算	抱合株式がある場合には、抱合株式の合併直前の帳簿価額

適格合併の場合において増加する利益積立金額は、次の金額の合計額となります（法令9①二）。

第2編 合併

加算	簿価純資産価額（被合併法人から移転を受けた資産の最後事業年度終了の時の帳簿価額から、被合併法人から移転を受けた負債の最後事業年度終了の時の帳簿価額を減算した金額）
減算	合併により増加した資本金等の額
減算	合併親法人株式を交付した場合には、合併親法人株式の合併直前の帳簿価額
減算	抱合株式がある場合には、抱合株式の合併直前の帳簿価額

[合併法人の純資産の部のイメージ]

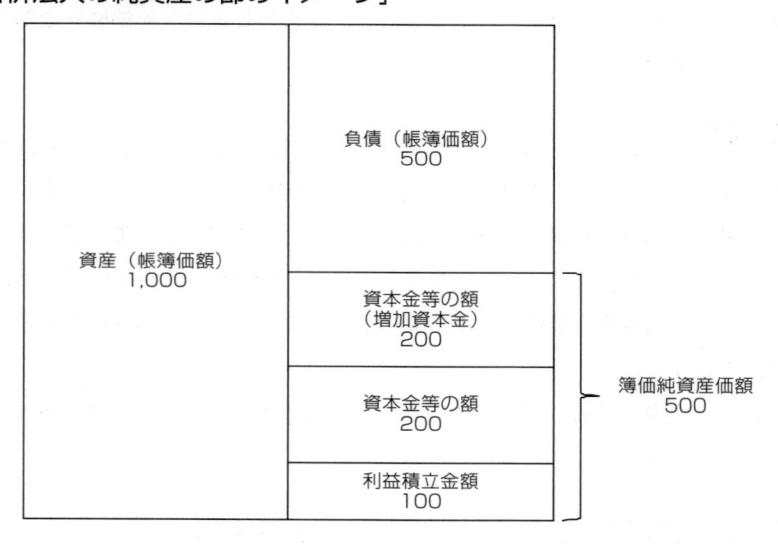

```
┌─────────────────┬─────────────────┐
│                 │  負債（帳簿価額）  │
│                 │      500        │
│  資産（帳簿価額） ├─────────────────┤
│     1,000       │ 資本金等の額     │┐
│                 │ （増加資本金）   ││
│                 │     200         ││
│                 ├─────────────────┤│ 簿価純資産価額
│                 │ 資本金等の額     ││    500
│                 │     200         ││
│                 ├─────────────────┤│
│                 │ 利益積立金額     ││
│                 │     100         │┘
└─────────────────┴─────────────────┘
```

第5章　適格合併の課税関係

Q2-102　被合併法人が合併法人の株式を保有している場合

適格合併の場合において、被合併法人が合併法人の株式を保有している場合の合併法人側の取扱いについて教えてください。

Answer

適格合併の場合において、被合併法人の移転資産に合併法人株式が含まれている場合には、合併法人においては自己株式の取得となります。なお、適格合併により自己株式を取得する場合には、被合併法人の移転直前の帳簿価額に相当する金額を資本金等の額から減算することになるため、みなし配当は生じません。

解説

株式の発行法人に対する譲渡（いわゆる自社株買い）が行われた場合には、発行法人側では、自己株式の取得対価を、利益積立金額（みなし配当）及び資本金等の額から減算する処理を行うことになります。

しかし、合併による被合併法人からの資産及び負債の移転に伴って、合併法人が自己株式を取得する場合には、その被合併法人の移転直前の帳簿価額に相当する金額を資本金等の額から減算することとされています（法令8①十八ロ）。利益積立金額から減算される金額はないこととなるため、みなし配当は生じません。

したがって、合併による移転資産に合併法人株式（自己株式）が含まれている場合には、合併法人において次の税務処理が必要となります。

移転資産に合併法人株式（自己株式）が含まれている場合の税務処理

借方	関係法令等	貸方	関係法令等
資本金等の額	被合併法人の帳簿価額（法令8①十八ロ）	資産（合併法人株式）	被合併法人の帳簿価額（法令123の3④）

第2編 合併

[処理例]
1. 前提
(1) 被合併法人の合併時の税務上の貸借対照表

資産	19,000	負債		10,000
（時価	23,000 ）			
合併法人株式	1,000	資本金等の額		7,000
（時価	2,000 ）			
		利益積立金額		3,000
資産合計	20,000	負債・純資産合計		20,000

(2) 被合併法人の最後事業年度の課税所得に係る法人税等は考慮しない

2. 処理例（合併対価資産：合併法人株式のみ）

(1) 資産及び負債の受入れ

Dr) 資産	19,000	Cr) 負債	10,000
Dr) 合併法人株式（自己株式）	1,000	Cr) 資本金等の額	7,000
		Cr) 利益積立金額	3,000

(2) 合併法人株式（自己株式）の資本金等の額への振替

Dr) 資本金等の額	1,000	Cr) 合併法人株式（自己株式）	1,000

Q2-103 合併法人が被合併法人の株式を保有している場合（抱合株式）

適格合併の場合において、合併法人が被合併法人の株式を保有している場合の合併法人側の取扱いについて教えてください。

Answer

合併法人が合併前に被合併法人の株式を保有している場合（いわゆる抱合株式がある場合）には、合併対価資産の交付をしない場合であっても、税務上は合併対価資産の割当てがあったものとして取り扱われます。

解説

合併法人が合併前に被合併法人の株式を保有している場合（いわゆる抱合株式がある場合）には、合併対価資産の交付をしない場合であっても、税務上は合併対価資産の割当てがあったものとして取り扱われます（法令23⑤）。

したがって、実際には抱合株式に対して合併法人の株式を割り当てない場合であっても、他の被合併法人の株主と同様に合併法人株式（自己株式）の割当てを受けたものとみなされます。みなし割当てを受けた合併法人株式（自己株式）の金額は、被合併法人株式の帳簿価額とされ譲渡損益は計上されません（法法61の2②、③、法令119①五）。

適格合併の場合の合併法人における抱合株式の税務処理は次のようになります。

合併法人の抱合株式の税務処理

借方	関係法令等	貸方	関係法令等
資本金等の額	抱合株式の帳簿価額（法令8①五）	抱合株式（被合併法人株式）	帳簿価額

具体的な合併法人側の税務処理としては、抱合株式の適格合併の直前の帳簿

第2編 合併

価額を資本金等の額から減算することになります。上記の税務処理は、合併法人株式のみなし割当ての税務処理と、みなし割当てされた合併法人株式（自己株式）の資本金等の額への振替の税務処理の二つの税務処理から構成されていると考えることができます。具体的には次の（1）と（2）の税務処理が行われたことになります。

（1）合併法人株式のみなし割当ての税務処理

借方	関係法令等	貸方	関係法令等
合併法人株式（自己株式）	抱合株式の帳簿価額	抱合株式（被合併法人株式）	帳簿価額

（2）合併法人株式の資本金等の額への振替の税務処理

借方	関係法令等	貸方	関係法令等
資本金等の額	抱合株式の帳簿価額	合併法人株式（自己株式）	抱合株式の帳簿価額

［処理例］
1．前提
（1）被合併法人の合併時の税務上の貸借対照表

資産	20,000	負債	10,000
（時価	25,000）	資本金等の額	7,000
		利益積立金額	3,000
資産合計	20,000	負債・純資産合計	20,000

（2）被合併法人の最後事業年度の課税所得に係る法人税等は考慮しない
（3）被合併法人の発行済株式数：2株
（4）合併比率：1：1

(5) 合併法人の抱合株式の帳簿価額：4,000（1株のみ保有）

2. 処理例（合併対価資産：合併法人株式のみ）
(1) 資産及び負債の受入れ

Dr) 資産	20,000	Cr) 負債	10,000
		Cr) 資本金等の額	7,000
		Cr) 利益積立金額	3,000

(2) 合併法人株式のみなし割当て

Dr) 合併法人株式（自己株式）	4,000	Cr) 被合併法人株式	4,000

(3) 合併法人株式の資本金等の額への振替

Dr) 資本金等の額	4,000	Cr) 合併法人株式（自己株式）	4,000

(1)、(2)、(3)を合算した場合の合併受入仕訳

Dr) 資産	20,000	Cr) 負債	10,000
		Cr) 資本金等の額	3,000
		Cr) 利益積立金額	3,000
		Cr) 被合併法人株式	4,000

第2編　合併

第❸節　被合併法人の株主の課税関係

Q2-104　被合併法人の株主の税務処理

適格合併の場合における、被合併法人の株主の税務処理を教えてください。

Answer

適格合併の場合、被合併法人の株主にみなし配当は生じません。また、合併法人の株式又は合併親法人株式のいずれか一方の株式以外の資産が交付されない場合には、旧株（被合併法人）の簿価譲渡があったものとして株式譲渡損益も計上されません。

解説

適格合併の場合、被合併法人の株主にみなし配当は生じません。また、合併法人の株式又は合併親法人株式のいずれか一方の株式以外の資産が交付されない場合には、旧株（被合併法人）の簿価譲渡があったものとして株式譲渡損益も計上されません。

適格合併の場合における被合併法人の株主の税務処理は次のようになります。

被合併法人の株主の税務処理

借方	関係法令等	貸方	関係法令等
合併法人株式又は合併親法人株式	被合併法人株式の帳簿価額（法法61の2②、法令119①五、119の3⑩、所令112）	被合併法人株式	帳簿価額

第5章　適格合併の課税関係

[処理例]
1. 前提
(1) 被合併法人の合併時の税務上の貸借対照表

資産	20,000	負債	10,000
（時価	25,000　）		
		資本金等の額	7,000
		利益積立金額	3,000
資産合計	20,000	負債・純資産合計	20,000

(2) 被合併法人の最後事業年度の課税所得に係る法人税等は考慮しない
(3) 被合併法人の発行済株式数：1株
(4) 合併比率：1：1
(5) 被合併法人の株主における被合併法人株式の帳簿価額：10,000

2. 処理例（合併対価資産：合併法人株式のみ）

| Dr) 合併法人株式 | 10,000 | Cr) 被合併法人株式 | 10,000 |

第2編 合併

第6章　税務処理の具体例

Q2-105　会計：パーチェス法　税務：適格合併

　X2年1月1日に、B社を被合併法人、A社を合併法人とする吸収合併を行いました。B社とA社の間に支配関係はありません。本件合併に係る会計処理は、パーチェス法（被合併法人の資産及び負債を時価で引き継ぐ方法）が適用されるものとします。また、本件合併は税務上、共同事業を営むための適格合併に該当します。

　A社の合併事業年度（X2年12月31日期）の税務処理並びに申告調整について教えてください。

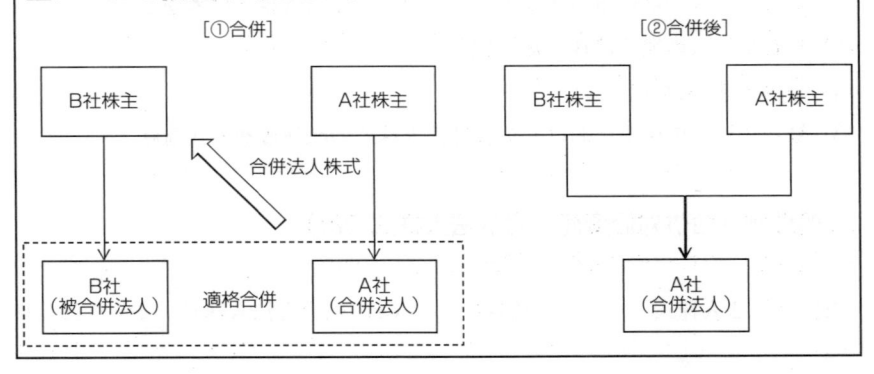

［①合併］　　　　　　　　　　［②合併後］

B社株主　　A社株主　　　　　B社株主　　A社株主

合併法人株式

B社（被合併法人）　適格合併　A社（合併法人）　　A社（合併法人）

Answer

1. 前提

(1) 被合併法人B社のX1年12月31日期の貸借対照表（会計及び税務）

第6章　税務処理の具体例

B社貸借対照表（会計）
X1年12月31日

(単位：千円)

資産	20,000	負債	15,000
		資本金	15,000
		利益剰余金	△ 10,000
資産合計	20,000	負債・純資産合計	20,000

B社貸借対照表（税務）
X1年12月31日

(単位：千円)

資産	25,000	負債	15,000
		資本金等の額	15,000
		利益積立金額	△ 5,000
資産合計	25,000	負債・純資産合計	25,000

(2) 合併法人A社のX1年12月31日期の貸借対照表（会計及び税務）

A社貸借対照表（会計）
X1年12月31日

(単位：千円)

資産	50,000	負債	10,000
		資本金	30,000
		利益剰余金	10,000
資産合計	50,000	負債・純資産合計	50,000

第2編　合併

A社貸借対照表（税務）
X1年12月31日

（単位：千円）

資産	50,000	負債	10,000
		資本金等の額	30,000
		利益積立金額	10,000
資産合計	50,000	負債・純資産合計	50,000

(3) 資産及び負債の会計上の帳簿価額と時価は一致しているものとする
(4) 合併に際してB社株主に交付したA社株式の時価：10,000千円
(5) 会計上、のれんは5年償却とする
(6) 税効果会計は考慮しない
(7) 法人税、住民税、事業税は考慮しない

2. 合併時の会計処理及び税務処理
(1) 会計処理

　パーチェス法を適用する場合、被合併法人の資産及び負債を時価により受け入れます。取得の対価は、合併により発行したA社株式の時価となり、受入純資産価額と取得の対価との差額はのれんに計上します。

（会計処理）

Dr)	資産	20,000千円	Cr)	負債	15,000千円
Dr)	のれん	5,000千円	Cr)	資本金	10,000千円

第6章 税務処理の具体例

(合併受入処理後の貸借対照表)

A社貸借対照表(会計)
X2年1月1日

(単位:千円)

資産	70,000	負債	25,000
のれん	5,000	資本金	40,000
		利益剰余金	10,000
資産合計	75,000	負債・純資産合計	75,000

(2) 税務処理

　適格合併の場合には、被合併法人の資産及び負債を税務上の帳簿価額により受け入れます。純資産については、被合併法人の最後事業年度における資本金等の額が引き継がれ、簿価純資産価額と資本金等の額の差額について利益積立金額が計上されます。

Dr) 資産	25,000千円	Cr) 負債	15,000千円
Dr) 利益積立金額	5,000千円	Cr) 資本金等の額	15,000千円

(合併受入処理後の貸借対照表)

A社貸借対照表(税務)
X2年1月1日

(単位:千円)

資産	75,000	負債	25,000
		資本金等の額	45,000
		利益積立金額	5,000
資産合計	75,000	負債・純資産合計	75,000

第2編　合併

3. 合併事業年度の税務処理

(1) 合併法人A社のX2年12月31日期の貸借対照表（会計及び税務）

A社貸借対照表（会計）
X2年12月31日

（単位：千円）

資産	66,000	負債	25,000
のれん（注）	4,000	資本金	40,000
		利益剰余金	5,000
資産合計	70,000	負債・純資産合計	70,000

A社貸借対照表（税務）
X2年12月31日

（単位：千円）

資産	71,000	負債	25,000
		資本金等の額	45,000
		利益積立金額	1,000
資産合計	71,000	負債・純資産合計	71,000

(2) 合併法人A社のX2年12月31日期の損益計算書

A社損益計算書
X2年12月31日
（単位：千円）

経常利益 (注)	△5,000
税引前当期利益	△5,000
法人税等	0
当期純損失	△5,000

(注) 決算時にのれんの償却を行っている。
Dr) のれん償却費　　1,000千円　　Cr) のれん　　　　1,000千円

(3) 税務処理

合併受入処理について会計と税務で差異が生じていますので、税務調整が必要となります。また、会計上はのれんを計上のうえ償却を行っていますが、税務上、適格合併の場合には、のれんは計上されませんので、のれん償却に係る税務調整が必要となります。

① 合併受入処理に係る税務調整
Dr) 資産　　　　　　5,000千円　　Cr) のれん　　　　5,000千円
Dr) 利益積立金額　　5,000千円　　Cr) 資本金等の額　5,000千円

② のれん償却に係る税務調整
Dr) のれん　　　　　1,000千円　　Cr) のれん償却費　1,000千円

第2編 合併

別表四

区分		総額	処分	
			留保	社外流出
		①	②	③
当期利益又は当期損失の額		△ 5,000	△ 5,000	
加算	のれん償却費	1,000	1000	
減算				その他

別表五（一）
利益積立金額の計算に関する明細書

区分	期首現在利益積立金額	当期の増減		差引翌期首現在利益積立金額 ①-②+③
		減	増	
	①	②	③	④
資産			5,000	5,000
のれん		△ 1,000	△ 5,000	△ 4,000
資本金等の額			△ 5,000	△ 5,000
繰越損益金	10,000	10,000	5,000	5,000
差引合計額	10,000	9,000	0	1,000

別表五（一）
資本金等の額の計算に関する明細書

区分	期首現在資本金等の額	当期の増減		差引翌期首現在資本金等の額 ①-②+③
		減	増	
	①	②	③	④
資本金又は出資金	30,000		10,000	40,000
資本準備金				0
資本剰余金				0
利益積立金額			5,000	5,000
差引合計額	30,000	0	15,000	45,000

第6章 税務処理の具体例

Q2-106 会計：パーチェス法　税務：非適格合併

　X2年1月1日に、B社を被合併法人、A社を合併法人とする吸収合併を行いました。B社とA社の間に支配関係はありません。本件合併に係る会計処理は、パーチェス法（被合併法人の資産及び負債を時価で引き継ぐ方法）が適用されるものとします。また、本件合併は税務上、共同事業を営むための合併における税制適格要件を満たさないため、非適格合併に該当します。

　A社の合併事業年度（X2年12月31日期）の税務処理並びに申告調整について教えてください。

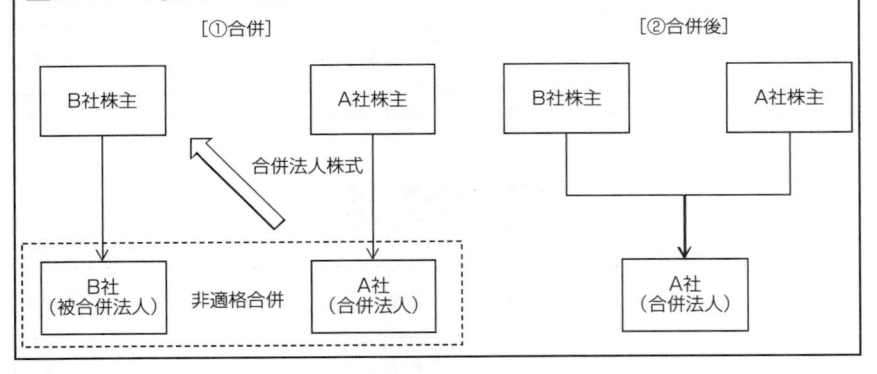

[①合併]

B社株主 → B社（被合併法人）
A社株主 → A社（合併法人）
合併法人株式（B社株主へ）
非適格合併

[②合併後]

B社株主 → A社（合併法人）
A社株主

- 273 -

第2編　合併

Answer

1. 前提

(1) 被合併法人B社のX1年12月31日期の貸借対照表（会計及び税務）

B社貸借対照表（会計）
X1年12月31日

（単位：千円）

資産	20,000	負債	15,000
		資本金	15,000
		利益剰余金	△10,000
資産合計	20,000	負債・純資産合計	20,000

B社貸借対照表（税務）
X1年12月31日

（単位：千円）

資産	25,000	負債	15,000
		資本金等の額	15,000
		利益積立金額	△5,000
資産合計	25,000	負債・純資産合計	25,000

(2) 合併法人 A 社の X1 年 12 月 31 日期の貸借対照表（会計及び税務）

A 社貸借対照表（会計）
X1 年 12 月 31 日

（単位：千円）

資産	50,000	負債	10,000
		資本金	30,000
		利益剰余金	10,000
資産合計	50,000	負債・純資産合計	50,000

A 社貸借対照表（税務）
X1 年 12 月 31 日

（単位：千円）

資産	50,000	負債	10,000
		資本金等の額	30,000
		利益積立金額	10,000
資産合計	50,000	負債・純資産合計	50,000

(3) 資産及び負債の会計上の帳簿価額と時価は一致しているものとする
(4) 合併に際して B 社株主に交付した A 社株式の時価：10,000 千円
(5) 会計上、のれんは 5 年償却とする
(6) 税効果会計は考慮しない
(7) 法人税、住民税、事業税は考慮しない

第2編　合併

2. 合併時の会計処理及び税務処理
(1) 会計処理
　パーチェス法を適用する場合、被合併法人の資産及び負債を時価により受け入れます。取得の対価は、合併により発行したA社株式の時価となり、受入純資産価額と取得の対価との差額はのれんに計上します。

(会計処理)

| Dr) 資産 | 20,000千円 | Cr) 負債 | 15,000千円 |
| Dr) のれん | 5,000千円 | Cr) 資本金 | 10,000千円 |

(合併受入処理後の貸借対照表)

A社貸借対照表（会計）
X2年1月1日
（単位：千円）

資産	70,000	負債	25,000
のれん	5,000	資本金	40,000
		利益剰余金	10,000
資産合計	75,000	負債・純資産合計	75,000

(2) 税務処理
　非適格合併の場合には、被合併法人の資産及び負債を時価により受け入れます。増加する資本金等の額は、合併により交付した合併法人株式の時価相当額となり、受入時価純資産価額と交付する合併法人株式の時価相当額との差額は資産調整勘定とされます。

(税務処理)

| Dr) 資産 | 20,000千円 | Cr) 負債 | 15,000千円 |
| Dr) 資産調整勘定 | 5,000千円 | Cr) 資本金等の額 | 10,000千円 |

(合併受入処理後の貸借対照表)

A社貸借対照表(税務)
X2年1月1日

(単位:千円)

資産	70,000	負債	25,000
資産調整勘定	5,000	資本金等の額	40,000
		利益積立金額	10,000
資産合計	75,000	負債・純資産合計	75,000

3. 合併事業年度の税務処理

(1)合併法人A社のX2年12月31日期の貸借対照表(会計及び税務)

A社貸借対照表(会計)
X2年12月31日

(単位:千円)

資産	66,000	負債	25,000
のれん(注)	4,000	資本金	40,000
		利益剰余金	5,000
資産合計	70,000	負債・純資産合計	70,000

第2編　合併

A社貸借対照表（税務）
X2年12月31日

（単位：千円）

資産	66,000	負債	25,000
資産調整勘定	4,000	資本金等の額	40,000
		利益積立金額	5,000
資産合計	70,000	負債・純資産合計	70,000

(2) 合併法人A社のX2年12月31日期の損益計算書

A社損益計算書
X2年12月31日
（単位：千円）

経常利益(注)	△5,000
税引前当期利益	△5,000
法人税等	0
当期純損失	△5,000

(注) 決算時にのれんの償却を行っている。

Dr) のれん償却費　　1,000千円　　Cr) のれん　　　　　1,000千円

(3) 税務処理

　合併受入処理について会計と税務で差異は生じていませんので、税務調整は不要です。また、会計上ののれんの償却についても5年償却としていることから、税務上の資産調整勘定の減額すべき金額（事業年度の月数÷60）と一致するため税務調整は不要となります。

第6章 税務処理の具体例

別表四

区分	総額	処分	
		留保	社外流出
	①	②	③
当期利益又は当期損失の額	△5,000	△5,000	
加算			
減算			その他

別表五（一）
利益積立金額の計算に関する明細書

区分	期首現在利益積立金額	当期の増減		差引翌期首現在利益積立金額 ①-②+③
		減	増	
	①	②	③	④
繰越損益金	10,000	10,000	5,000	5,000
差引合計額	10,000	10,000	5,000	5,000

別表五（一）
資本金等の額の計算に関する明細書

区分	期首現在資本金等の額	当期の増減		差引翌期首現在資本金等の額 ①-②+③
		減	増	
	①	②	③	④
資本金又は出資金	30,000		10,000	40,000
資本準備金				0
資本剰余金				0
差引合計額	30,000	0	10,000	40,000

第2編　合併

Q2-107　会計：共通支配下の取引　税務：適格合併

　X2年1月1日に、B社を被合併法人、A社を合併法人とする吸収合併を行いました。A社はB社の発行済株式の100%を保有しており、本件合併は親子会社間の合併となります。本件合併に係る会計処理は共通支配下の取引として被合併法人の資産及び負債を帳簿で引き継ぐ方法が適用されるものとします。また、本件合併は税務上、100%グループ内の適格合併に該当します。

　A社の合併事業年度（X2年12月31日期）の税務処理並びに申告調整について教えてください。

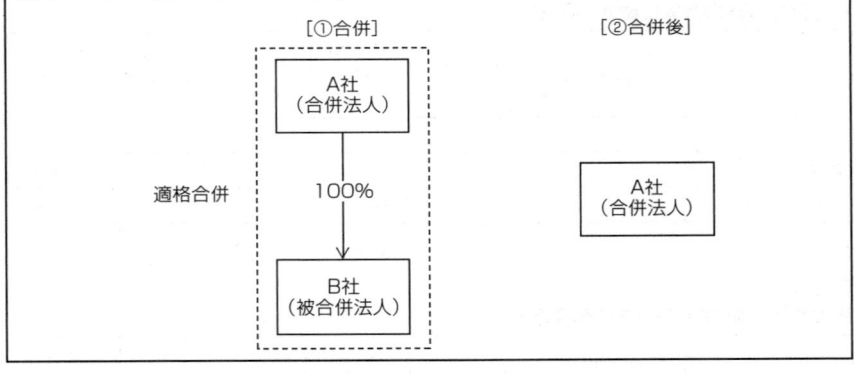

[①合併]

適格合併

A社
（合併法人）
↓100%
B社
（被合併法人）

[②合併後]

A社
（合併法人）

第6章 税務処理の具体例

Answer

1. 前提
(1) 被合併法人B社のX1年12月31日期の貸借対照表（会計及び税務）

B社貸借対照表（会計）
X1年12月31日

（単位：千円）

資産	20,000	負債	15,000
		資本金	15,000
		利益剰余金	△10,000
資産合計	20,000	負債・純資産合計	20,000

B社貸借対照表（税務）
X1年12月31日

（単位：千円）

資産	25,000	負債	15,000
		資本金等の額	15,000
		利益積立金額	△5,000
資産合計	25,000	負債・純資産合計	25,000

第2編　合併

(2) 合併法人A社のX1年12月31日期の貸借対照表（会計及び税務）

A社貸借対照表（会計）
X1年12月31日

(単位：千円)

資産	35,000	負債	10,000
B社株式	15,000	資本金	30,000
		利益剰余金	10,000
資産合計	50,000	負債・純資産合計	50,000

A社貸借対照表（税務）
X1年12月31日

(単位：千円)

資産	35,000	負債	10,000
B社株式	15,000	資本金等の額	30,000
		利益積立金額	10,000
資産合計	50,000	負債・純資産合計	50,000

(3) 会計上の資産及び負債の帳簿価額と時価は一致しているものとする
(4) 合併に際してB社株主に交付したA社株式の時価：10,000千円
(5) 税効果会計は考慮しない
(6) 法人税、住民税、事業税は考慮しない

2. 合併時の会計処理及び税務処理
(1) 会計処理
　　共通支配下取引となる場合には、被合併法人の資産及び負債を適正な帳簿価

額により受け入れます。また、受入純資産価額と親会社であるA社が合併直前に有していたB社株式（抱合株式）との差額は抱合株式消滅差損益（特別損益）として計上されます。

（会計処理）

Dr)	資産	20,000 千円	Cr) 負債	15,000 千円
Dr)	抱合株式消滅差損	10,000 千円	Cr) B社株式	15,000 千円

（合併受入処理後の貸借対照表）

A社貸借対照表（会計）
X2年1月1日

（単位：千円）

資産	55,000	負債	25,000
		資本金	30,000
		利益剰余金	0
資産合計	55,000	負債・純資産合計	55,000

（2）税務処理

　適格合併の場合には、被合併法人の資産及び負債を税務上の帳簿価額により受け入れます。純資産については、被合併法人の最後事業年度における資本金等の額が引き継がれ、簿価純資産価額と資本金等の差額について利益積立金額が計上されます。

　また、B社株式（抱合株式）の合併直前の帳簿価額を資本金等の額から減算します。

（税務処理）
（1）合併受入処理

第2編　合併

| Dr) | 資産 | 25,000 千円 | Cr) | 負債 | 15,000 千円 |
| Dr) | 利益積立金額 | 5,000 千円 | Cr) | 資本金等の額 | 15,000 千円 |

(2) B社株式（抱合株式）の処理

| Dr) | 資本金等の額 | 15,000 千円 | Cr) | B社株式 | 15,000 千円 |

（合併受入処理後の貸借対照表）

A社貸借対照表（税務）
X2年1月1日

（単位：千円）

資産	60,000	負債	25,000
		資本金等の額	30,000
		利益積立金額	5,000
資産合計	60,000	負債・純資産合計	60,000

3. 合併事業年度の税務処理

(1)合併法人A社のX2年12月31日期の貸借対照表（会計及び税務）

A社貸借対照表（会計）
X2年12月31日

（単位：千円）

資産	51,000	負債	25,000
		資本金	30,000
		利益剰余金	△4,000
資産合計	51,000	負債・純資産合計	51,000

A社貸借対照表（税務）
X2年12月31日

（単位：千円）

資産	56,000	負債	25,000
		資本金等の額	30,000
		利益積立金額	1,000
資産合計	56,000	負債・純資産合計	56,000

(2) 合併法人A社のX2年12月31日期の損益計算書

A社損益計算書
X2年12月31日

（単位：千円）

経常利益	△ 4,000
抱合株式消滅差損	△ 10,000
税引前当期利益	△ 14,000
法人税等	0
当期純損失	△ 14,000

(3) 税務処理

合併受入処理について会計と税務で差異が生じていますので、税務調整が必要となります。

合併受入処理に係る税務調整

Dr) 資産	5,000 千円	Cr) 利益積立金額	5,000 千円
Dr) 資本金等の額	10,000 千円	Cr) 抱合株式消滅差損	10,000 千円
Dr) 利益積立金額	10,000 千円	Cr) 資本金等の額	10,000 千円

第2編 合併

別表四

区分	総額	処分	
		留保	社外流出
	①	②	③
当期利益又は当期損失の額	△14,000	△14,000	
加算 抱合株式消滅差損	10,000	10,000	
減算			その他

別表五（一）
利益積立金額の計算に関する明細書

区分	期首現在利益積立金額	当期の増減		差引翌期首現在利益積立金額 ①-②+③
		減	増	
	①	②	③	④
資産			5,000	5,000
抱合株式			10,000	10,000
資本金等の額			△10,000	△10,000
繰越損益金	10,000	10,000	△4,000	△4,000
差引合計額	10,000	10,000	1,000	1,000

別表五（一）
資本金等の額の計算に関する明細書

区分	期首現在資本金等の額	当期の増減		差引翌期首現在資本金等の額 ①-②+③
		減	増	
	①	②	③	④
資本金又は出資金	30,000			30,000
資本準備金				0
抱合株式			△10,000	△10,000
利益積立金額			10,000	10,000
差引合計額	30,000	0	0	30,000

第6章 税務処理の具体例

Q2-108 会計：共通支配下の取引　税務：非適格合併

　X2年1月1日に、B社を被合併法人、A社を合併法人とする吸収合併を行いました。B社とA社は、それぞれC社に発行済株式の100%を保有される兄弟会社です。本件合併に係る会計処理は共通支配下の取引として被合併法人の資産及び負債を帳簿で引き継ぐ方法が適用されるものとします。また、本件合併は、C社によるA社株式の継続保有が見込まれないことから非適格合併に該当します。

　A社の合併事業年度（X2年12月31日期）の税務処理並びに申告調整について教えてください。

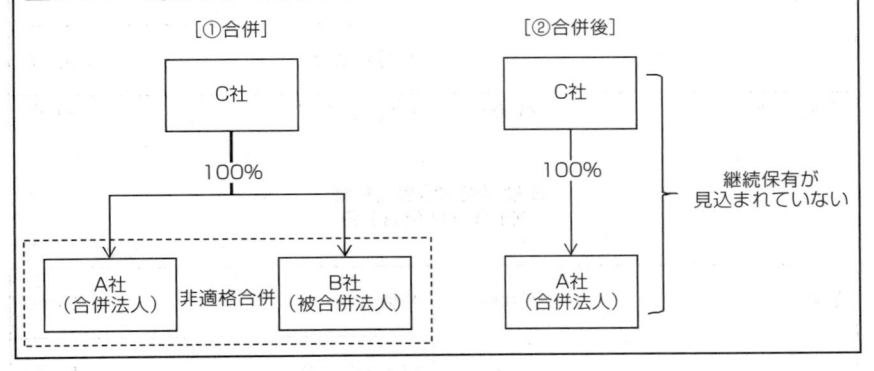

［①合併］

```
         C社
          │100%
    ┌─────┴─────┐
    ▼           ▼
  A社         B社
（合併法人） 非適格合併 （被合併法人）
```

［②合併後］

```
         C社
          │100%
          ▼
         A社
       （合併法人）
```

継続保有が見込まれていない

第2編　合併

Answer

1. 前提

(1) 被合併法人B社のX1年12月31日期の貸借対照表（会計及び税務）

B社貸借対照表（会計）
X1年12月31日

（単位：千円）

資産	20,000	負債	15,000
		資本金	15,000
		利益剰余金	△10,000
資産合計	20,000	負債・純資産合計	20,000

B社貸借対照表（税務）
X1年12月31日

（単位：千円）

資産	25,000	負債	15,000
		資本金等の額	15,000
		利益積立金額	△5,000
資産合計	25,000	負債・純資産合計	25,000

第6章　税務処理の具体例

(2) 合併法人A社のX1年12月31日期の貸借対照表（会計及び税務）

A社貸借対照表（会計）
X1年12月31日

（単位：千円）

資産	50,000	負債	10,000
		資本金	30,000
		利益剰余金	10,000
資産合計	50,000	負債・純資産合計	50,000

A社貸借対照表（税務）
X1年12月31日

（単位：千円）

資産	50,000	負債	10,000
		資本金等の額	30,000
		利益積立金額	10,000
資産合計	50,000	負債・純資産合計	50,000

(3) 会計上の資産及び負債の帳簿価額と時価は一致しているものとする
(4) 合併に際してB社株主に交付したA社株式の時価：10,000千円
(5) 税効果会計は考慮しない
(6) 法人税、住民税、事業税は考慮しない
(7) B社から移転する資産には譲渡損益調整資産は含まれていない

第2編 合併

2. 合併時の会計処理及び税務処理
(1) 会計処理
　共通支配下取引となる場合には、被合併法人の資産及び負債を適正な帳簿価額により受け入れます。増加資本については被合併法人の合併期日の前日の適正な帳簿価額となります。

(会計処理)

Dr) 資産	20,000千円	Cr) 負債	15,000千円
		Cr) 資本金	5,000千円

(合併受入処理後の貸借対照表)

A社貸借対照表 (会計)
X2年1月1日

(単位：千円)

資産	70,000	負債	25,000
		資本金	35,000
		利益剰余金	10,000
資産合計	70,000	負債・純資産合計	70,000

(2) 税務処理
　非適格合併の場合には、被合併法人の資産及び負債を時価により受け入れます。増加する資本金等の額は、合併により交付した合併法人株式の時価相当額となり、受入時価純資産価額と交付する合併法人株式の時価相当額との差額は資産調整勘定とされます。

(税務処理)

Dr) 資産	20,000千円	Cr) 負債	15,000千円
Dr) 資産調整勘定	5,000千円	Cr) 資本金等の額	10,000千円

(合併受入処理後の貸借対照表)

A社貸借対照表(税務)
X2年1月1日

(単位:千円)

資産	70,000	負債	25,000
資産調整勘定	5,000	資本金等の額	40,000
		利益積立金額	10,000
資産合計	75,000	負債・純資産合計	75,000

3. 合併事業年度の税務処理

(1) 合併法人A社のX2年12月31日期の貸借対照表(会計及び税務)

A社貸借対照表(会計)
X2年12月31日

(単位:千円)

資産	66,000	負債	25,000
		資本金	35,000
		利益剰余金	6,000
資産合計	66,000	負債・純資産合計	66,000

第2編　合併

A社貸借対照表（税務）
X2年12月31日

（単位：千円）

資産	66,000	負債	25,000
資産調整勘定	4,000	資本金等の額	40,000
		利益積立金額	5,000
資産合計	70,000	負債・純資産合計	70,000

（2）合併法人A社のX2年12月31日期の損益計算書

A社損益計算書
X2年12月31日
（単位：千円）

経常利益	△4,000
税引前当期利益	△4,000
法人税等	0
当期純損失	△4,000

（3）税務処理

　合併受入処理について会計と税務で差異が生じていますので、税務調整が必要となります。また、会計上はのれんが認識されませんが、税務上は資産調整勘定が計上されておりますので、資産調整勘定の償却に係る税務調整が必要となります。

① **合併受入処理に係る税務調整**
　Dr）資産調整勘定　　　5,000千円　　Cr）資本金等の額　　　5,000千円

② **資産調整勘定に係る税務調整**
　Dr）資産調整勘定償却　1,000千円　　Cr）資産調整勘定　　　1,000千円

第6章 税務処理の具体例

別表四

区分	総額	処分	
		留保	社外流出
	①	②	③
当期利益又は当期損失の額	△ 4,000	△ 4,000	
加算			
減算	資産調整勘定償却	1,000	1,000	その他

別表五（一）
利益積立金額の計算に関する明細書

区分	期首現在利益積立金額	当期の増減		差引翌期首現在利益積立金額 ①−②+③
		減	増	
	①	②	③	④
資産調整勘定		1,000	5,000	4,000
資本金等の額			△ 5,000	△ 5,000
繰越損益金	10,000	10,000	6,000	6,000
差引合計額	10,000	11,000	6,000	5,000

別表五（一）
資本金等の額の計算に関する明細書

区分	期首現在資本金等の額	当期の増減		差引翌期首現在資本金等の額 ①−②+③
		減	増	
	①	②	③	④
資本金又は出資金	30,000		5,000	35,000
資本準備金				0
資本剰余金				0
利益積立金額			5,000	5,000
差引合計額	30,000	0	10,000	40,000

著者紹介

KPMG税理士法人

古田　哲也（ふるた　てつや）
　パートナー，税理士

石塚　直樹（いしづか　なおき）
　パートナー，税理士

西井　秀朋（にしい　ひでとも）
　シニアマネジャー，公認会計士

澤田　正行（さわだ　まさゆき）
　マネジャー，税理士

細貝　一起（ほそかい　かずき）
　マネジャー，税理士

著者との契約により検印省略

平成24年3月1日　初版発行	**Q&Aでわかる M&A税務ハンドブックⅠ －合　併－**
著　者	KPMG税理士法人 古　田　哲　也 石　塚　直　樹 西　井　秀　朋 澤　田　正　行 細　貝　一　起
発行者	大　坪　嘉　春
整版所	技　　秀　　堂
印刷所	税経印刷株式会社
製本所	牧製本印刷株式会社
発行所　東京都新宿区 下落合2丁目5番13号 郵便番号 161-0033　振替 00190-2-187408 FAX(03)3565-3391	株式 会社　税務経理協会 電話(03)3953-3301(編集部) 　　(03)3953-3325(営業部)

URL http://www.zeikei.co.jp/
乱丁・落丁の場合はお取替えいたします。

©KPMG税理士法人・古田哲也・石塚直樹・西井秀朋・澤田正行・細貝一起　2012
Printed in Japan

本書を無断で複写複製（コピー）することは，著作権法上の例外を除き，禁じられています。本書をコピーされる場合は，事前に日本複写権センター（JRRC）の許諾を受けてください。
JRRC(http://www.jrrc.or.jp)　eメール：info@jrrc.or.jp　電話：03-3401-2382)

ISBN978-4-419-05751-0　C3034